YAMABUSHI

ISBN : 978-2-36157-354-6
DÉPÔT LÉGAL : NOVEMBRE 2024

Collection : « Voyage en poche »
Couverture : Robert Weis
Cartographie, motifs et mise au point éditoriale : Marc Alaux
Relecture et mise en pages : Émeric Fisset

Avec le soutien de : Kultur | lx Arts Council Luxembourg

TRANSBORÉAL
23, RUE BERTHOLLET – PARIS Ve
TÉL. : 01 55 43 00 37
contact@transboreal.fr – www.transboreal.fr

ROBERT WEIS

YAMABUSHI

La sagesse des montagnes

ÉDITIONS TRANSBORÉAL
48° 50' N. * 2° 20' E.

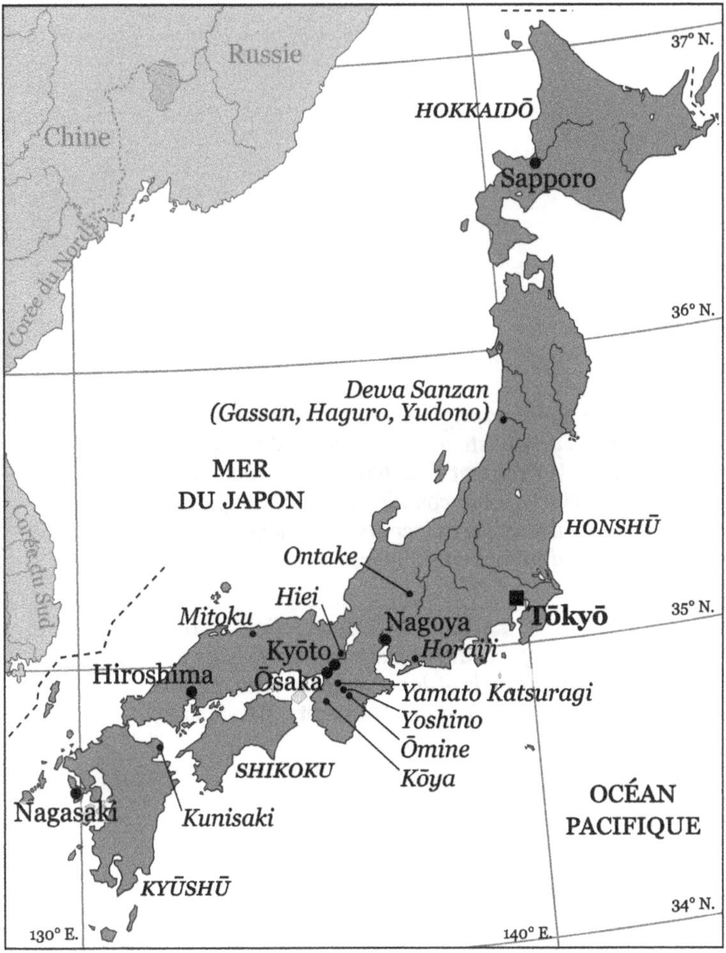

L'ARCHIPEL NIPPON

« À une époque qui reconnaît parfaitement les fragilités de l'existence humaine, le shugendō *est un exemple frappant de la tentative de l'homme de s'approprier le monde comme une réalité significative à laquelle il peut participer avec une richesse et une plénitude d'être extraordinaires. »*

Earhart H. Byron, *A religious study of the Mount Haguro sect of shugendō, An example of Japanese mountain religion* (Sophia University, Tōkyō, 1970)

PROLOGUE

LA MONTAGNE-RACINE

En citant un poème de la tradition classique chinoise, l'académicien François Cheng écrit dans *Souffle-Esprit, Textes théoriques chinois sur l'art pictural* : « Les nuages naissent des entrailles de la montagne, c'est pourquoi on appelle les rochers "racines des nuages". » Dans cette vision, tributaire de la pensée taoïste, la nature détient les secrets du monde. Une pensée symbiotique similaire est née dans les montagnes du Japon, dont les sommets sont couverts de cèdres et d'érables palmés. Des hommes et des femmes y séjournent encore en quête de renaissance spirituelle : on les appelle *yamabushi*, « ceux qui couchent dans la montagne ». Au contact des éléments, ils perpétuent des rituels vieux d'un millénaire qu'on rattache à la figure légendaire d'En-no-Gyōja (« En l'ascète »), chaman et clochard céleste qui vécut dans les monts hantés par l'ours au sud de l'ancienne capitale Nara. Un univers bien éloigné de ma vie quotidienne, mais que je m'apprête à découvrir.

Quinze octobre, 6 heures du matin. D'étranges rêves ont agité ma nuit, comme des fantômes du passé. Je me réveille toutefois animé par une étrange énergie. Guidé par l'habitude, je parcours le bref trajet en bus vers l'aéroport de Luxembourg où m'attend l'avion qui m'amènera à Tōkyō. Puis c'est un long vol passé à réfléchir. Au-dessus des déserts de l'Asie centrale, je contemple les nuages et songe à l'archipel nippon que je vais parcourir pendant quatre semaines. Quels types de nuages ses montagnes peuvent-elles générer ? Ce berceau de pratiques spirituelles et de philosophies millénaires m'est familier grâce à de précédents voyages, et ces pratiques, j'en ai entendu parler lors de mon pèlerinage sur le Kumano Kodō, dans la péninsule de Kii.

J'ai su mettre à profit la pandémie et son corollaire de solitude et d'introspection : privé des distractions faciles, j'ai mis à nu ce qui me nourrit, mes racines. Par analogie, dans la culture du bonsaï, que j'étudie, le rempotage est souvent un moment délicat pour la survie de l'arbre. Il faut dénuder les racines, désenchevêtrer leur touffe chaotique et renouveler le substrat appauvri. S'occuper des racines est pourtant vital pour la survie du bonsaï. On ampute l'arbre de son pot, de son contexte, et l'on se heurte à une résistance : avec le temps, le tissu racinaire épouse la forme du contenant et s'y accroche. Je connais bien cette façon de résister moi-même. L'être humain est ainsi fait qu'une fois la voie tracée, il peine à la quitter. Mais quand les racines sont extraites du pot, il faut les soumettre à un examen approfondi. Quel est leur état de santé ? Y a-t-il des traces de moisissure ? Il faut parfois couper les racines afin de rajeunir le système et faire de la place pour de nouvelles pousses vigoureuses. Mais à en faire trop, on menace la plante. C'est tout l'art de l'élagage...

C'est un tel élagage que j'entends effectuer lors de ce nouveau voyage. Celui-ci sera donc une forme de renaissance : m'éloigner de ma vie quotidienne avant d'y revenir, apprécier l'éloignement pour le muer en réflexion.

Mon regard se perd dans la mer des nuages et y cherche les huit montagnes qui m'attendent au Japon : un nombre dérisoire face aux milliers de sommets de l'archipel. Mon choix s'est fait de façon réfléchie, en privilégiant les lieux qui restent de nos jours l'objet de cultes et de rituels. J'ai pour cela activé mon réseau d'amis et de connaissances, fruit de voyages et d'échanges ces quinze dernières années. Le Japon n'aime pas la surprise ; il faut être introduit pour être accepté. J'ai donc exposé mes motifs, prouvé ma bonne foi et montré que je suis digne de confiance. Certaines portes sont restées closes, d'autres se sont ouvertes : assez pour que j'y glisse un pied et m'y engouffre. Les semaines à venir dévoileront jusqu'où je pourrai pénétrer le monde hermétique des ascètes montagnards. Il me faudra sans doute mettre de l'eau dans mon vin, mais j'ai confiance. Il n'y a pas d'espace pour le doute chez celui qui décide de gravir un sentier vers le sommet.

La première étape me conduira au nord, dans le Tōhoku, où s'élève le mont Haguro, l'un des plus importants centres des *yamabushi*. Il fait partie d'un ensemble de trois sommets, avec les monts Gassan et Yudono, qui forment le Dewa Sanzan. De là, je prendrai la direction du sud et de la préfecture de Nara : au pied des monts Ōmine, le bourg de Yoshino est lui aussi fondamental. Plus au sud encore, sur l'île de Kyūshū, se situe la péninsule de Kunisaki, où s'est développée une ancienne culture bouddhiste. Le *shugendō* y a des origines anciennes ; longtemps oubliées, elles font l'objet de tentatives de revalorisation. De là, je ferai une virée vers la côte occidentale et la mer du Japon, dans la préfecture de Tottori : sous le regard du mont Daisen se situe l'étonnant mont Mitoku, à proximité des sources thermales de Misasa. De retour au centre de l'île de Honshū, je visiterai un endroit plus confidentiel : le mont Horaiji, à l'est de la métropole de Nagoya. Puis je gagnerai le Kōya, au sud d'Ōsaka, le sommet sacré du bouddhisme Shingon. Il sera temps de revenir à Kyōto : coincé entre l'ancienne capitale impériale et le lac Biwa se dresse le Hiei, haut lieu du bouddhisme Tendai. Ma dernière étape me conduira sur les contreforts des Alpes japonaises, entre les préfectures de Gifu et de Nagano, sur l'Ontake. Avec ses 3 067 mètres, c'est le plus haut volcan du pays après le Fuji, et il fait l'objet d'un culte pluriséculaire. Pour fouler tous ces lieux, je dispose d'un bon mois : cela me paraît à la fois peu de temps – la tâche est ambitieuse –, mais cela me laisse aussi entrevoir la couleur de tous les possibles.

Après un vol sans encombre, j'atterris à Haneda. C'est pour moi une émotion de retrouver le pays que j'ai tant arpenté, qui a le don de me paraître aussi proche que lointain. Ivre de fatigue et de liberté, je saute dans le monorail à destination de Hamamatsu. La vue depuis la fenêtre révèle la lueur si particulière qui vient de la mer : l'humidité de l'air agit comme un filtre, et la lumière possède une teinte bleue qui confère au paysage, en particulier urbain, une fraîcheur intemporelle propice à la nostalgie.

Le Japon est un pays visuel, idéal pour la photographie et le cinéma... Un endroit, aussi, qui stimule l'imaginaire. Il ne m'en faut pas moins garder les pieds sur terre : je change de train, prends la ligne circulaire Yamamoto en direction de la gare d'Ueno et continue jusqu'à Nippori sous une pluie monotone et languissante, cette pluie immortalisée par les maîtres du haïku.

Je presse le pas vers mon hébergement qui se situe dans Shitamachi, le quartier populaire de Yanaka. C'est un vestige du Japon d'après-guerre, construit à flanc de collines, parsemé de temples et de cimetières, dont Yanaka est le plus important. Humbles et basses, les constructions se succèdent dans les ruelles où abondent échoppes anciennes et cafés rétro. La pluie ayant cessé, je traverse le vaste parc d'Ueno du nord au sud. Les érables japonais et les cerisiers ornementaux annoncent l'automne. Le changement de teinte des feuilles est encore timide mais ce sera une explosion de couleurs d'ici quelques semaines, me dis-je en m'engouffrant dans une ruelle bordée de boutiques et de restaurants dont l'aspect désordonné tranche avec les rues rangées de Yanaka. C'est le microquartier d'Ameyoko, qui fut durant l'après-guerre le théâtre d'un florissant marché noir. Aujourd'hui situé sous une ligne ferroviaire aérienne, l'endroit garde un côté gentiment canaille et débridé. J'y chemine à travers une foule bigarrée : personnages issus des sous-cultures tokyoïtes, touristes dépaysés et *salarymen* prenant l'apéro entre collègues.

Moi aussi j'ai rendez-vous, avec Kanemitsu et Daisuke, deux amis rencontrés au Luxembourg et revenus s'installer là. Nous nous rejoignons dans une *izakaya*, l'un de ces bistrots où l'on boit et partage des plats sans prétention : du poulet frit, une salade de pommes de terre, du poisson cru accompagné de légumes en saumure… Les retrouvailles sont joyeuses ; nous échangeons sur nos vies respectives et, bien sûr, sur les raisons de mon nouveau séjour. Kanemitsu et Daisuke semblent surpris par mon projet d'arpenter les sommets des quatre coins du pays, synonymes pour eux d'*inaka* (« campagne paumée »). Pour finir de faire une drôle d'impression, je les questionne sur le *shugendō*.

Les racines de cette discipline plongent dans la préhistoire avec notamment les pratiques religieuses montagnardes désignées par le terme de *sangkaku shinko* (« croyances de la montagne »). On relie communément l'avènement du *shugendō* au mythe fondateur qui implique la figure d'En-no-Gyōja. Selon de rares sources historiques, ce dernier vécut dans la région de Nara au VIIe siècle et inspira des générations de moines et de laïcs, qui s'adonnèrent aux ascèses dans les massifs isolés en vue d'acquérir des pouvoirs magico-religieux. *Shugendō* signifie d'ailleurs « pratique de pouvoirs magiques et ascétiques ». Ces pratiques subirent ensuite l'influence croissante du symbolisme bouddhiste et taoïste, en plus de garder une proximité avec le shintoïsme, la religion originelle du Japon. Le *shugendō* peut donc être considéré comme un courant religieux syncrétique.

L'influence bouddhiste devient particulièrement marquée au IXe siècle avec l'avènement des courants bouddhistes ésotériques Tendai et Shingon. C'est alors que le *shugendō* prend forme ; des centres spirituels sont fondés presque partout, du mont Hiko au Kyūshū jusqu'au Dewa Sanzan dans le Tōhoku. La pratique a lieu non pas dans des temples comme c'est le cas pour d'autres sectes bouddhistes mais en pleine nature. Le terme *yamabushi*, qui désigne les pratiquants, y fait directement référence. Au début, ces derniers comptent même des mendiants itinérants, sans famille et dormant à la belle étoile. De nos jours, les pratiquants du *shugendō* sont souvent des moines mariés occupant des temples familiaux ou encore des citadins laïcs séjournant en altitude à l'occasion de retraites ou de pèlerinages.

Le *shugendō* subit un coup dur lors de la restauration Meiji en 1868 ; le bouddhisme est écarté et le shintoïsme promu religion d'État. Ni bouddhiste ni shintoïste, mais un peu des deux, le *shugendō* est prohibé. Certaines pratiques se poursuivent en cachette jusqu'à la fin de la Seconde Guerre mondiale lorsqu'est réintroduite la liberté de culte ; le *shugendō* renaît alors de ses cendres...

Toutefois, cette renaissance a un prix : beaucoup de pratiques et de connaissances ont été perdues. Se créent aussi des groupes de « néo-*shugendō* », qui ressemblent à des congrégations secrètes, sous la conduite d'un maître aux intentions plus ou moins louables et parfois sectaires. De tels groupes se forment également hors du Japon, mêlant parfois *shugendō* et arts martiaux dans une croyance, erronée, qui voyait les *yamabushi* comme des moines-guerriers ou des *ninja*, ce qu'ils ne furent jamais, comme ne manque pas de le souligner Florent Loiacono dans son livre *Ninja et yamabushi*... Cet amalgame a fait entrer la figure du *yamabushi* dans la culture pop (manga, jeux vidéo...). On l'y rencontre sous les traits d'un *tengu*, espèce d'esprit des forêts aux airs féroces, à la peau rouge et au nez allongé – presque phallique. Cette association du *tengu* et de l'ascète remonte à l'époque médiévale : les *yamabushi* étaient vus comme des sorciers, craints pour leurs pouvoirs surnaturels qui permettaient d'exorciser les démons et même de voler...

Kanemitsu est le premier à s'exprimer, admettant avoir découvert l'existence des *yamabushi* grâce à un jeu vidéo justement.

— C'est une figure archaïque. C'est un personnage étrange, partiellement légendaire. Il appartient au Japon des temps anciens, qui n'a plus grand-chose à voir avec la réalité tokyoïte.

— Et tu envisagerais de m'accompagner dans mes ascensions ? demandé-je.

— Pourquoi pas. Une fois. Une seule fois. Cela m'intéresserait d'en apprendre plus. Mais pratiquer moi-même les ascèses comme la méditation sous une cascade, alors ça, c'est exclu !

Daisuke le rejoint sur ce point : il voit dans le *shugendō* une pratique obsolète éloignée de la vie citadine.

Ces confessions m'interpellent. Aurais-je, dans un excès de romantisme, surestimé la place qu'occupent ces pratiques aujourd'hui ? Serait-ce, à l'image de son fondateur légendaire, un mythe moderne pour Occidentaux en quête d'expérience spirituelle exotique ? Et si c'était le cas, ne perdrais-je pas mon temps ? Il n'y a qu'un moyen de le savoir : y aller, dans ces montagnes !

1.

SUR LES PAS DE BASHŌ

Je me lève de bonne heure pour prendre le train express en direction de Niigata, port sur la mer du Japon. La ville se trouve aux portes du Tōhoku, région qui comprend tout le nord de Honshū et qui est considérée comme reculée. La préfecture de Yamagata, où je me rends aujourd'hui appartient au « Japon de l'envers » *(ura no Nihon)*, cette partie du pays faisant face à la mer et dépourvue de métropole. Les vents froids de Sibérie se heurtent ici aux masses d'air humide du Pacifique et donnent lieu à des chutes de neige importantes – c'est le *Pays de neige* du romancier Yasunari Kawabata.

Je visite pour la première fois cette région, délaissée par les touristes. Or l'objectif de mon voyage est précisément de pénétrer en profondeur une culture millénaire tout en acceptant mes limites : je ne parle que quelques mots de japonais et ne dispose que d'une poignée de semaines. Mes impressions seront donc des esquisses, à partir desquelles je reconstruirai une image.

Loin de la tumultueuse banlieue tokyoïte, la vue se dégage sous une resplendissante journée d'automne. La pluie d'hier a chassé les nuages à la façon d'un moine zen qui balaye les feuilles mortes dans son jardin. Assis près de la fenêtre, je ne me lasse pas de contempler la silhouette conique du Fuji qui surplombe un paysage de plus en plus rural. Dans les rizières dorées, la saison des récoltes bat son plein. C'est un moment clé, accompagné de nombreux festivals partout dans le pays pour remercier les dieux. Je change de train à Niigata, cité industrielle et commerçante aussi connue pour son saké que pour l'absence de monuments remarquables ! Je longe la mer du Japon vers le nord. La silhouette brumeuse de l'île de Sado, lieu d'exil des élites pendant une grande partie de l'histoire du pays, se dessine sur l'horizon. Ma destination du jour sera la ville de Tsuruoka, aux portes de laquelle se situe le mont Haguro, centre névralgique du *shugendō* depuis plus de mille ans. À ma gauche, un littoral rugueux ; à ma droite, des versants escarpés couverts d'une broussaille dense et terne. Ce relief est parfois entrecoupé de vallons parsemés de hameaux et de rizières en terrasses. Ici, l'automne s'est déjà installé : les plaqueminiers arborent leurs fruits luisants, l'herbe *suzuka* pointe ses frondes, qui ont inspiré de nombreux haïkus en association avec la lune. Çà et là, des escaliers en pierre s'échappent vers les hauteurs – en descendent peut-être les dieux shintoïstes. C'est l'archétype du Japon rural, figé dans le temps, voué à disparaître, inévitable corollaire de l'exode et de la décroissance de la population, particulièrement marquée dans ces régions.

À Tsuruoka, j'ai une heure d'attente en gare avant de prendre un bus pour le village de Toge, au pied du Haguro.

Dans l'office du tourisme, situé à deux pas, des mannequins vêtus de la tunique blanche des *yamabushi* et de sandales en paille vous saluent dès l'entrée : le *shugendō*, attraction touristique ? J'en souris et me procure la carte indispensable pour m'orienter les prochains jours. L'employé qui parle un anglais parfait me fait cadeau d'un *omamori* – le porte-bonheur souvent associé aux sanctuaires shintoïstes. Il m'explique le concept du voyage de la renaissance au Dewa Sanzan, « les trois sommets sacrés de Dewa » :

— Il y a le Haguro (414 m), le Gassan (1 984 m) et le Yudono (1 504 m). Le premier a été sanctifié par le prince Hachiko, fils de l'empereur Sushun, il y a quatorze siècles. Il constitue jusqu'à nos jours le centre névralgique du *shugendō* du Dewa Sanzan.

— À l'époque, les Japonais croyaient que les sommets et les dieux étaient la même chose, n'est-ce pas ?

— Exactement. Des terres sacrées, où les esprits divins résidaient, et des lieux qui généraient la vie nouvelle. Pour les *yamabushi*, se retirer en altitude signifiait se libérer de leur ego, et retourner dans le ventre maternel. Ils se considéraient eux-mêmes symboliquement morts au moment d'endosser la tunique blanche et de commencer l'ascension.

— Un peu comme entrer dans l'au-delà ?

— Oui. Ils s'adonnaient à des ascèses pour communier avec les forces naturelles. Ils sortaient ensuite des montagnes comme des nouveau-nés. De nos jours, le rituel Aki-no-mineiri se tient tous les ans à la fin de l'été. C'est un pèlerinage qui célèbre la mort-renaissance.

Il foule les trois sommets du présent (Haguro), du passé (Gassan) et du futur (Yudono).

Intrigué par ce symbolisme qui semble donner son identité à la région, j'embarque à bord d'un bus qui me dépose dans les rues désertes de Toge. J'y cherche sous une pluie drue mon hébergement pour les prochaines nuits : un *shukubo*, un genre d'hôtellerie pour pèlerins. Son confort est ici très simple mais il n'y manque rien des auberges japonaises : un bain chaud et la tranquillité.

Ayant profité des deux, je savoure mon petit-déjeuner – riz, soupe miso, poisson grillé et *pickles* de radis – avant ma première journée en montagne. Devant Zuishimon, le portail de l'enceinte sacrée du Haguro, je rencontre un premier *yamabushi* mais – surprise ! –, il est néozélandais. Tim vit dans la région depuis une douzaine d'années. Il n'a aucun des habits ou des attributs du *yamabushi*, ni robe blanche, ni sandales en paille, ni fourrure, ni bien sûr *horagai* – la conque marine caractéristique du *shugendō*. Tim leur préfère des vêtements de randonnée, des lunettes de soleil et une casquette vissée sur le crâne.

En vérité, j'étais entré en contact avec Tim sur les réseaux sociaux, où il a pour pseudo « Kiwi Yamabushi ». Nous avons à peu près le même âge, et j'ai éprouvé pour lui une sympathie spontanée. D'ailleurs, le courant passe dès les premiers échanges alors que nous empruntons un escalier dont les marches en pierre descendent dans le sous-bois.

— Cela nous mène à la rivière Harai. Son nom signifie "rivière de la purification", m'explique Tim. Les pratiquants de *shugendō* ont l'habitude de s'y baigner.

— Pour quelle raison ?

— Afin de se libérer des calamités qui les guettent, eux, leurs proches et la société.

— Et toi, tu le fais aussi ?

— Le groupe de *yamabushi* dont je fais partie puise ses racines dans le shintoïsme. Proches de la nature, nous utilisons cette rivière pour nous purifier avant les pèlerinages vers les trois montagnes de Dewa.

Le *shugendō* pratiqué au Haguro est relativement ancien (XIIIe siècle) et a su maintenir une certaine indépendance, probablement grâce à l'isolement de la région. Avant la restauration Meiji, le Haguro n'accueillait pas moins de 4 000 *yamabushi*. Cette effervescence prit brusquement fin lorsque la pratique du *shugendō* fut interdite par le gouvernement Meiji. Certains *yamabushi* se « convertirent » alors au shintoïsme tandis que d'autres se tournèrent vers des écoles de bouddhisme ésotérique. Beaucoup cependant se découragèrent et retournèrent à leur ancienne vie de cultivateurs. Des 33 temples de la région, trois survécurent ; des 360 *shukubo*, une quarantaine seulement subsistent de nos jours.

Un pont vermillon offre une vue privilégiée sur la cascade Suga. Cette chute d'eau n'est pas d'origine naturelle : au XVIIe siècle, un ruisseau est dévié pour créer la cascade. À la même période, tout est fait pour faciliter l'accès : un escalier en pierre de 2 400 marches est construit, divisé en trois volées reliées par un chemin en terre. Cet accès au mont Haguro est flanqué de cèdres géants qui créent une atmosphère unique. L'arbre le plus imposant se trouve justement à quelques pas de la chute d'eau. Son âge est estimé à mille ans. Il a même un nom : Jiji-sugi, « le cèdre grand-père ». Un arbre similaire, « le cèdre grand-mère », n'a pas résisté à la tempête de 1902. Et la célèbre pagode à cinq étages élevée dans les alentours est en rénovation, recouverte d'une enveloppe en toile plastifiée peu avenante.

Le chemin devient presque invisible dans la broussaille. Tim veut m'y montrer un lieu prétendument secret. Une centaine de mètres plus loin, un portail en bois marque l'entrée d'un minuscule sanctuaire dédié au dieu Inari, apparaissant sous les traits d'une renarde et promettant de bonnes récoltes et relations commerciales. Tim s'arrête devant l'autel pour une longue prière en japonais. Je n'y comprends rien mais savoure l'instant : le chuintement de sa voix se mêle aux bruissements du vent d'automne qui fait tomber les fruits du châtaignier japonais. Nous regagnons ensuite en silence l'escalier en pierre. Après une deuxième volée particulièrement raide, le chemin bifurque. Une clairière s'ouvre : c'est Minamidani, la vallée de l'Ouest. Couverts de mousse et d'arbustes, des vestiges de soubassements rappellent que s'élevait là un monastère important, qui a abrité le poète Matsuo Bashō lors de son pèlerinage vers le Nord. En 1689, Bashō quitte la capitale, Edo, aujourd'hui Tōkyō, avec son disciple Kawai Sora pour le Tōhoku. Ce voyage de 2400 kilomètres commence le 16 mai et dure cinq mois. Il a lieu à l'occasion du cinq centième anniversaire de la mort de Saigyō, un poète itinérant qu'apprécie Bashō. À une époque où l'espérance de vie tourne autour de 50 ans, Bashō, âgé alors de 46 ans, entend créer des poèmes similaires à ceux de Saigyō, au risque de mourir en route. Bashō visite donc les endroits mentionnés dans les poèmes classiques et écrit ses propres textes. Le voyage lui permet d'exprimer au mieux les principes de fluidité et d'impermanence qui font le haïku. Le récit qu'il publie à son retour alterne prose descriptive et poèmes en trois vers. *L'Étroit Chemin vers le Nord profond* est devenu un classique de la littérature de voyage et inspire à son tour des générations de poètes et voyageurs.

Bashō a composé plusieurs poèmes sur le Haguro, dont celui-ci en hommage à la neige aperçue sur le tout proche mont Gassan :

Un lieu si sacré
La neige elle-même est parfumée
Dans la vallée de l'ouest

Matsuo Bashō, *The Narrow Road to Oku* (Kodansha Publisher, 1997)

Tim et moi prenons le chemin du retour vers la rivière et « le cèdre grand-père ». Nous n'irons pas au sommet aujourd'hui car Tim a un rendez-vous, et je m'accorderai la journée du lendemain pour découvrir l'ensemble du site. Ce qui m'intéresse pour l'instant, c'est d'en savoir plus sur mon compagnon de marche et sur son rapport au *shugendō*, très éloigné de la vie d'un jeune Occidental. Au retour, nous nous arrêtons dans une maison de thé pour savourer un thé *matcha* accompagné d'un *mochi*, une boulette de pâte de riz remplie d'une confiture aux haricots rouges.

— Je suis arrivé dans la ville de Shōnai, commence Tim, dans la préfecture de Yamagata, pour y travailler comme professeur d'anglais.

Après un séjour sur mes terres natales, en Nouvelle-Zélande, à l'occasion de l'enterrement de mon père, j'ai fait une rencontre qui a changé ma vie : un Japonais pratiquant le *shugendō*. Il venait de monter une société se donnant pour but de promouvoir cette pratique : ce dernier m'a proposé de rejoindre l'équipe et de devenir *yamabushi* à mon tour.

— Et alors, tu n'as pas hésité…

— Je me suis dit "pourquoi pas ?", et j'ai accepté le défi de promouvoir cette culture auprès d'un public international. Notre but était de proposer des opportunités de développement personnel avec les éléments d'une pratique japonaise ancienne.

— À quoi ressemblent les personnes qui participent à ces entraînements ?

— La majorité appartient à ce que j'appellerais "la classe créative" : des femmes, des hommes qui sont à la recherche du "prochain niveau".

— Spirituel ou créatif ?

— On reçoit beaucoup de personnes en quête d'une direction à donner à leur vie. Elles veulent s'accorder du temps et prendre des dispositions pour réfléchir à leur existence. Nous pouvons leur offrir cela.

— Et ça dure combien de temps ?

— C'est une retraite, précise Tim ; elle dure entre trois et six jours. Mais elle se différencie des retraites spirituelles, de méditation ou de yoga. L'approche *yamabushi* est d'être dans la nature, avec la nature ; le mot d'ordre de notre maître est : “Immerge-toi dans la nature, mets à l'épreuve tous tes sens, et réfléchis ensuite à cette expérience.” Le Dewa Sanzan est notre terrain d'entraînement. Les *yamabushi* s'entraînent et pratiquent dans la nature depuis quatorze siècles.

Cette philosophie se fonde sur un concept central, *uketamō*, qui signifie « j'accepte humblement ». Respecter l'*uketamō*, c'est suivre les consignes du maître, c'est aussi considérer comme naturelles les choses qui adviennent. Ainsi seulement nous pouvons continuer de vivre après des événements dramatiques. Il faut accepter de vivre sans se laisser perturber par les facteurs négatifs ou positifs.

– Il faut donc, selon cette idée, accepter tout ce qui nous arrive, sans s'insurger ou remettre quoi que ce soit en question ? Ou faut-il plutôt accepter les choses sur lesquelles on n'a pas prise tout en agissant sur les autres ?

– Oui, dit Tim en acquiesçant, c'est cela, l'esprit d'*uketamō*. Cela s'apparente un peu au stoïcisme, une philosophie de l'acceptation comme un moyen de mieux vivre. Et si nous trouvons quelque chose d'inacceptable, nous acceptons de ne pas être en mesure de l'accepter...

Sur ces réflexions subtiles, nous achevons notre thé et nous saluons cordialement. Je passe le restant de l'après-midi à écrire puis prends un bain à l'auberge avant le dîner, qui se donne à 18 heures. On se couche tôt et on se lève tôt au Japon, encore plus dans une auberge pour pèlerins. Le dîner est similaire à celui qu'on m'a servi hier : un repas végan, comme ceux que prenaient les ascètes, basé sur le tofu de soja et de sésame, les légumes macérés, fermentés, cuits à l'eau ou en friture... La présentation est souvent digne d'un restaurant étoilé, les saveurs sont délicates et leur finesse est un régal pour un palais affûté. C'est le *shōjin ryōri*. *Shō* signifiant « se concentrer », et *jin* « progresser ». *Shōjin* décrit plus précisément la progression dans la pratique spirituelle ou ceux qui se consacrent à cette pratique spirituelle. *Ryōri* désigne « la cuisine ». En d'autres termes *shōjin ryōri* est « la cuisine pour les dévots ».

Dans les montagnes de Dewa, il en existe une variante locale développée par les *yamabushi* qui, pour survivre pendant leurs entraînements, mangeaient tout ce qui était comestible, des noix aux racines en passant par les herbes, les pousses de bambou, les fleurs et les champignons. Avec le temps, ils ont mis au point des méthodes de conservation des légumes (salage, saumure, dessiccation), et tout cela se retrouve aujourd'hui dans les assiettes des visiteurs du Dewa Sanzan : légumes, champignons, bambou, aubergine, poivron vert, noix, châtaigne, sésame et, exceptionnellement, armoise japonaise, fougère autruche, renouée du Japon, pétasite, pousses de fougère, fleur de chrysanthème (une spécialité de Yamagata), ainsi qu'une herbe appelée *shiso*. C'est délicieux et sain. Les moines ne dédaignaient toutefois pas le saké...

Le lendemain, le soleil est de retour dans les montagnes de Yamagata. L'air est pur et frais. J'ai rendez-vous avec un *yamabushi* au musée des traditions locales. Il me guidera jusqu'au Haguro, où se trouve le sanctuaire shintoïste de Dewa : 2446 marches d'escalier nous attendent à la montée, et autant à la descente ! Quand j'arrive au musée, mon guide est déjà là, vêtu de la tunique blanche des *yamabushi* du Haguro. Le blanc est avec le rouge la couleur du shintoïsme, mais c'est aussi la couleur du vêtement des défunts dans la tradition bouddhiste. Les *yamabushi* l'ont adoptée parce qu'elle évoque le pèlerinage : on entre *en montagne* pour y mourir et renaître symboliquement. Mais la surprise a une autre origine : mon guide n'est pas un homme mais une femme, du nom de Naoko. Le monde des *yamabushi* était presque exclusivement masculin jusqu'à récemment – rien d'étonnant dans une société qui place les femmes au second rang. Certains lieux du *shugendō*, comme les monts Ōmine, près de Yoshino, restent même interdits aux femmes.

C'est donc une bonne surprise que de faire la connaissance de Naoko, sexagénaire au corps trapu mais à la démarche souple. Après une carrière d'infirmière, elle a profité de la retraite pour se tourner vers le *shugendō*, ce qui suscite mille questions chez moi...

— Vous avez l'air très épanouie, en pleine forme. C'est l'entraînement exigeant des *yamabushi* qui vous a ainsi aguerrie ?

— Les longues marches, la méditation sous l'eau froide des cascades, le jeûne et la diète végane, tout cela est très exigeant, mais il y a sûrement pire pour affronter l'automne de sa vie, dit-elle avec un sourire malicieux.

— Il y a beaucoup de femmes parmi les *yamabushi* du Dewa Sanzan, ou bien vous faites figure d'exception ?

— Je dirais qu'il y a une soixantaine de pratiquantes régulières qui suivent les mêmes rites et le même programme d'entraînement que les hommes, en théorie.

— En théorie ? demandé-je, intrigué.

— Oui, glisse-t-elle avec un nouveau sourire. En pratique, il semblerait qu'il y ait quand même des différences, au motif qu'il faut protéger les femmes, supposées plus faibles. Une discrimination subtile sous des airs de bienveillance...

Nous entamons la descente depuis le portail de Zuishimon vers la rivière. L'atmosphère est beaucoup plus accueillante que la veille. Le soleil pénètre sous la frondaison des cèdres et projette une douce luminosité dans les sous-bois. Les Japonais ont un terme spécifique, issu d'une observation fine des phénomènes naturels, pour cette lumière filtrée : *komorebi*.

L'ascension vers le sanctuaire du Dewa-jinja se fait dans les senteurs de champignons entre des cèdres centenaires. Le sanctuaire est aujourd'hui le siège de l'organisation religieuse la plus puissante du Haguro, et c'est une particularité par rapport au *shugendō* pratiqué dans d'autres endroits au Japon, plutôt sous influence bouddhiste. Le *shugendō* d'influence shintoïste du Dewa Sanzan a trouvé des adeptes bien au-delà de la préfecture de Yamagata.

Le Dewa-jinja s'est ouvert aux visiteurs laïcs après la Seconde Guerre mondiale et accueille un nombre important de pratiquants novices, femmes et hommes, qui suivent des initiations au *shugendō*. Cette ouverture, parfois interprétée comme une commercialisation, est mal vue par les bouddhistes du Haguro, dont les entraînements sont peu accessibles aux non-initiés. Ces derniers accusent le groupe shintoïste, à tort ou à raison, de corrompre l'authenticité du *shugendō* pour faire de l'argent, comme le constatait déjà en 1970 le chercheur américain Earhart H. Byron. Force est de constater que le groupe shintoïste auquel appartient Tim, le *yamabushi* néo-zélandais, contribue à rendre accessible une pratique spirituelle qui, autrement, resterait dans l'ombre.

Naoko me précède d'un pas rapide et élastique que je peine à suivre jusqu'à une stèle au granite moussu : d'ici on apercevait jadis le Yudono, le dernier des trois monts de Dewa, celui de la renaissance. De nos jours, la vue est obstruée par les arbres. Naoko s'incline devant le monument et entame une longue prière chantée, languissante, qui s'unit au pépiement des oiseaux. Chant et récitation de sutras en nature, voilà un autre élément central du *shugendō* : ressentir l'union avec la force créatrice plutôt que l'intellectualiser.

Par sa présence, Naoko me transmet une énergie tranquille et bienveillante – les épreuves en nature semblent avoir des effets bénéfiques. Et nous nous quittons avec le sourire au sommet, après avoir témoigné notre respect au lieu : une offrande, deux inclinaisons du buste, deux battements des mains et une prière. C'est un monde complet.

2.

DES CERISIERS SUR LA COLLINE

JE ME LÈVE À L'AUBE, peu après 5 heures. Un long trajet en train m'attend, du nord au centre de Honshū, pour rejoindre Yoshino, village de la préfecture de Nara, où j'ai rendez-vous avec l'abbé du temple du Sakuramotobō. C'est l'un des cinq lieux autour desquels s'organisent les *yamabushi* de la région d'Ōmine. Les montagnes situées au sud représentent d'ailleurs la contrée la plus sacrée du *shugendō*, et les traditions y restent vivantes. J'arpenterai avant tout la colline de Yoshinoyama et les temples de Yoshino, bourgade célèbre pour ses milliers de cerisiers.

L'endroit est plus isolé que je l'imaginais : je suis le seul à descendre du train, et ne trouve là que des échoppes fermées. De même, il n'y a plus de bus pour remonter vers le haut du village, et le funiculaire a également cessé ses courses pour la journée, aussi ne me reste-t-il qu'à endosser le sac et à prendre d'assaut la colline de Yoshino.

Le temple du Sakuramotobō se trouve le long de l'unique route qui gravit une dorsale flanquée de vallons encaissés. Il a une histoire longue de mille trois cent cinquante ans : l'empereur Tenmu, quand il portait encore le nom de prince Oama, résida à la villa impériale de Yoshino en l'an 671 – pendant le règne de son frère aîné, l'empereur Tenji. Durant une nuit froide, il rêva d'un cerisier en fleur dépassant de la neige. Le lendemain, considérant qu'il s'agissait là d'un signe, il se confia au moine Kakujo, un disciple d'En-no-Gyōja. Le moine lui indiqua que la fleur de cerisier étant un emblème national, il accéderait un jour au trône. Au cours de l'année suivante, et à la suite de la révolte de Jinshin, Oama devint en effet empereur. Il trouva ensuite à Yoshino l'arbre qu'il avait vu en rêve et fonda là le temple du Sakuramotobō.

Aux siècles suivants, les pratiquants du *shugendō* et les habitants de Yoshino plantèrent des cerisiers par milliers sur les collines, donnant lieu de nos jours à un spectacle unique entre la fin du mois de mars et le début du mois d'avril : des centaines de milliers de visiteurs assistent au *hanami*, la contemplation des cerisiers en fleur. Il y a actuellement entre 30 000 et 40 000 *yamasakura* (cerisiers sauvages) autour de Yoshino. La tradition du cerisier est cependant plus ancienne que le temple Sakuramotobō : elle a un fort lien spirituel et, d'après la légende, c'est En-no-Gyōja lui-même qui en serait à l'origine. Après des jours d'ascèse, il aurait été témoin de l'apparition d'une divinité, Zaō-gongen, sur le mont Ōmine situé à environ 25 kilomètres au sud de Yoshinoyama. Cet événement aurait incité En-no-Gyōja à sculpter le portrait de la divinité dans du bois de cerisier. Depuis, les *yamabushi* associent le cerisier à Zaō-gongen, et la tradition de planter des cerisiers se poursuit. Ainsi, face aux *yamasakura* de Yoshinoyama, on contemple des siècles de foi.

Après quarante minutes de marche, le temple Sakuramotobō se dévoile. J'annonce mon arrivée à une jeune femme, qui s'avère être la fille de l'abbé. Ce dernier arrive bientôt, accompagné d'un moine occidental. Après s'être présentés, Ryōnin et Hōun me demandent d'exposer les raisons de ma venue. Ryōnin me fixe d'un regard calme et pénétrant, visiblement déterminé à comprendre la personnalité de « cet Européen qui a fait un si long voyage, mais pour quoi faire exactement ? ». À cette question, je ne sais trop quoi répondre pour l'instant.

Quand Ryōnin se retire, la situation se détend, et Hōun prend les devants – nos origines germanophones contribuent à instaurer un climat fraternel.

– Je suis né en Allemagne, dit-il, mais j'ai grandi aux États-Unis. J'y ai étudié la langue et la littérature classique nippones. Puis je suis revenu en Europe pour m'inscrire à l'université et approfondir mes connaissances sur le bouddhisme.

– Ensuite, vous êtes venu ici…

– Oui, je me suis installé à Nara, où j'ai intégré un temple. J'ai grimpé l'échelle hiérarchique avec un poste qui s'est révélé de plus en plus administratif. Trop, à mon goût. J'ai finalement quitté mes fonctions pour me retirer à Yoshino à la recherche d'un lieu qui me permettrait une réelle proximité avec la pratique et les gens.

Notre conversation se tourne ensuite sur une question essentielle : la différence entre une recherche spirituelle en Occident et en Orient… Selon Hōun, les Occidentaux cherchent un résultat tandis que les Orientaux privilégient un processus – la fameuse « voie », *dō* en japonais, qu'on connaît dans certaines disciplines martiales comme le *judō*, l'*aikidō* ou le *kendō*, ou artistiques comme l'*ikebana* (la voie des fleurs) ou le *chadō* (la voie du thé).

— Et que pensez-vous de la tendance actuelle à chercher un maître spirituel, voire un gourou ?

— Je comprends ce réflexe. J'estime toutefois qu'il faut toujours penser avec sa propre tête. Un maître peut être inspirant mais ne devrait pas devenir une idole sur un piédestal.

— Pour ma part, c'est le *shugendō* qui m'intéresse.

— J'ai bien compris. Retenez ces deux principes, le *yama-no-gyō*, la pratique dans la montagne, et le *sato-no-gyō*, la pratique au village, c'est-à-dire chez soi ! Ces deux pratiques représentent un cycle : aller en montagne avant de rentrer chez soi, mais rentrer chez soi pour retourner en montagne. Il s'agit d'un équilibre entre deux extrêmes, qui se nourrissent mutuellement. Je m'explique : après s'être isolé dans la nature, il est important de revenir en société pour digérer son expérience.

— D'où une certaine prise de conscience ?

— Oui, mais sans oublier une chose fondamentale : pendant la retraite, on est seul certes, mais on dépend des autres : quelqu'un doit travailler à notre place, quelqu'un doit nous préparer à manger, et ainsi de suite… Donc, de retour en société, vient le moment de partager l'expérience et de donner...

Cet altruisme, qui n'est certes pas spécifique au *shugendō*, apparaît comme un élément fondamental de la pratique, au même titre que l'entraînement et les rituels en nature. Sur ces réflexions, je prends congé de Hōun, non sans avoir accepté sa proposition d'assister à la cérémonie du matin.

Le lendemain, c'est donc de bonne heure que je rejoins le temple où l'abbé Ryōnin m'attend de pied ferme. Sa mine paraît plus accueillante que la veille : il est content que je le rejoigne pour la cérémonie, qu'il a manifestement l'habitude d'accomplir seul. C'est le destin des temples familiaux : en général, il n'y a d'autres moines que l'abbé et les membres masculins de sa famille. Ces temples sont héréditaires, leur avenir est donc incertain, soit parce qu'il n'y a pas de fils pour reprendre, soit parce que ce dernier en refuse la charge. La pression familiale sur lui restant forte, il arrive qu'il reprenne le temple plus par sens du devoir que par vocation. Dans le bouddhisme, tout ce qui brille n'est pas or.

Après m'avoir demandé de m'agenouiller face à l'autel, Ryōnin commence la récitation des prières. Je reconnais le *Sūtra du Cœur*, mais le reste du rituel m'est incompréhensible. Le chant psalmodié exerce néanmoins une fascination qui me plonge dans un état méditatif.

La salle de cérémonie est immense. Je m'y sens perdu sans en être gêné, j'y ai l'impression de naviguer au milieu d'un océan inconnu – une expérience commune à tous les voyageurs au Japon : le bouddhisme sert justement de clé de compréhension de la culture : l'océan du *samsara* évoque l'infini des tourments au sein du cycle des existences, qui n'ont ni commencement ni fin par elles-mêmes. Au terme des trois quarts d'heure de la cérémonie, durant lesquels nous communiquons presque sans mots, avec des regards et des hochements de tête, je prends congé de Ryōnin.

J'ai prévu d'arpenter Yoshino en poussant le plus loin possible vers le mont Aonegamine, qui culmine à 958 mètres. Ce sommet est une étape obligatoire pour les *yamabushi* en route pour le sanctuaire d'Ōminesan-ji, situé sur le Sanjogatake (1 719 m). L'étape, longue de 24 kilomètres, représente la première du sentier d'Ōmine-Okugake, qui relie Yoshino et le sanctuaire du Hongu, sur les hauteurs de Kumano, dans la péninsule de Kii. La distance totale, d'une centaine de kilomètres, sert d'entraînement pour les *yamabushi* depuis plus de mille ans. Le parcours est contraignant : il suit la crête des monts Ōmine, les ascensions s'y font droit dans la pente avec des passages d'escalade.

Une route s'échappe du bourg en grimpant. Je reprends mon souffle auprès d'un autel shintoïste, d'où la vue est idéale sur Yoshino. Ce serait un moment de contemplation parfait sans le vacarme d'une tronçonneuse dans un bosquet proche – jadis les *yamabushi* accédaient plus facilement au calme campagnard... Je sens une pointe d'irritation, mais n'est-ce pas une erreur de vouloir trouver le moment parfait, la situation parfaite ?

Une perfection qui ne peut exister dans ce monde imparfait, mais qu'on poursuit avec obstination. La beauté de l'instant ne réside-t-elle pas plutôt dans ce qui rend ce moment unique : le bruit de la tronçonneuse au même titre que le chant des oiseaux ?

Je ferme les yeux. Les feuilles bruissent dans le vent d'automne, et la tronçonneuse s'est arrêtée comme par miracle. La route continue vers les sanctuaires de Mikunari et de Kinpu avant de se muer en chemin forestier au dallage irrégulier. Il mène vers un col dans la dorsale des monts Ōmine, souvent comparée à un dragon : la queue se trouve à Yoshino, la tête sur le mont Sanjogatake où a été bâti le temple d'Ōminesan-ji, le Graal des *yamabushi*. Au bout du vallon qui s'ouvre devant, je trouve une clairière isolée où se dresse une cabane. C'est l'ermitage historique de Saigyō-an, reconstruit : le poète Saigyō y séjourna trois ans et écrivit de nombreux poèmes. Il fut imité par Matsuo Bashō, lui aussi un inconditionnel des sommets et des cerisiers de Yoshino. La rêverie que je m'y accorde me fait oublier que le temps passe inexorablement ; je rebrousse donc chemin vers le bourg pour assister, à la nuit tombante, à la cérémonie du feu.

Hōun m'a proposé de le rejoindre au temple du Sakuramotobō pour continuer notre conversation, cette fois sur les tatamis d'un salon à l'entrée du temple, en dégustant un thé *matcha* et une pâtisserie en forme de châtaigne servis par la fille de l'abbé – les rôles respectifs sont clairement définis...

— Quel avenir, demandé-je, pour le *shugendō* dans une société vieillissante et de moins en moins religieuse ? En raison aussi de la place des femmes qui évolue...

— Du XVIIe siècle jusqu'à récemment, le *shugendō* a reposé sur le système des *kō* – une sorte de confraternité religieuse qui regroupe les fidèles et contribue au financement des structures religieuses. Depuis une vingtaine d'années, ce système est en perte de vitesse. En cause, bien sûr, la décroissance démographique, mais il y a d'autres facteurs : les confraternités, souvent très hiérarchisées et constituées pour la majorité d'hommes retraités, ne séduisent plus les jeunes, qui préfèrent s'affilier directement au temple de leur choix. Par ailleurs, les associations ont la triste réputation d'organiser surtout des beuveries et de peu favoriser la progression spirituelle...

— Les temples indépendants comme celui de Sakuramotobō font certainement face à un défi.

— Tout à fait, mais le changement est inévitable. La question est plutôt de savoir si ce changement sera un choix ou s'il s'imposera naturellement.

— Et qui sont les nouveaux affiliés du temple ?

— On peut les ranger dans trois catégories, dit Hoûn, sûr de lui. Ceux que la foi pousse à venir mais qui n'ont aucun rapport avec le *shugendō*. Souvent, ils ne participent aux rituels des *yamabushi* que parce que leurs amis pratiquent, puis ils se prennent au jeu. La deuxième catégorie comprend les amoureux de la nature motivés par l'association d'activités sportives et spirituelles.

Et finalement il y a ceux qui cherchent un réconfort psychologique.

— Il y en a beaucoup ?

— Dans un pays où la psychothérapie est largement méconnue et où les questions de santé mentale restent un tabou – plus encore que dans les sociétés occidentales –, voilà une fonction récente mais qui revêt une importance particulière. Les enseignements du *shugendō* peuvent aider ces personnes à trouver un sens à leur vie.

— Et quant au rôle des femmes ?

— Autour des monts Ōmine, il existe des femmes *yamabushi* mais l'accès aux plus hauts grades leur reste interdit. Outre la nature profondément patriarcale de la société et notamment des milieux conservateurs religieux, une des raisons en est l'interdiction pour les femmes d'accéder aux hauteurs d'Ōmine et au sanctuaire d'Ōminesan-ji. Or, c'est autour de ces lieux que se déroulent certaines des pratiques et cérémonies les plus importantes du *shugendō*. L'argument avancé pour maintenir cette interdiction est "la tradition religieuse".

Selon Hōun, cette interdiction pourrait disparaître bientôt, ne serait-ce que parce que le nombre de pratiquants masculins diminue : les temples ne pourront donc plus renoncer aux ressources pécuniaires des femmes. Il faudra cependant que les abbés des cinq temples qui administrent le sommet se mettent d'accord...

L'émancipation des Japonaises joue certainement un rôle dans le nombre croissant de pratiquantes. La *yamabushi* et chercheuse en études asiatiques Alena

Eckelmann analyse cette situation dans une contribution au blog buddhistdoor.net. Elle y montre notamment que les femmes ont été bannies des montagnes sacrées comme des autres lieux de culte jusqu'au XIXe siècle. Des recherches historiques indiquent aussi que, dans les monts Ōmine, les stèles interdisant l'accès du sommet ne sont érigées qu'au XVIIIe siècle, ce qui pourrait signifier qu'auparavant les règles étaient moins strictes. Et en 2015, une découverte surprenante a lieu : des documents médiévaux sont mis au jour, cachés dans le bois d'anciennes portes du temple du Sakuramotobō. Datés du XIVe au XVIIe siècle, ces documents renseignent par exemple sur les frais de visite et d'hébergement au monastère, et révèlent les relations entre fidèles, guides et visiteurs occasionnels. Fait intéressant : nombre de ces documents ont été rédigés par des femmes, ce qui signale le rôle actif que ces dernières ont pu avoir dans le *shugendō*.

Sur ces considérations, il est temps pour moi de poursuivre ma découverte : je rejoins le Kinpusen-ji, le « temple des sommets en or », où va se dérouler une cérémonie du feu, le *saitō goma*. C'est un rituel propre au *shugendō* et dont le but secret est la combustion des passions et des illusions dans le feu de la connaissance de Bouddha.

J'arrive au bon moment : les *yamabushi* grimpent en file indienne la pente derrière le temple, guidés par le son de la conque. Leur défilé a un air archaïque. Vêtus de leur toge caramel ornée de pompons, les *yamabushi* arborent tous leurs attributs. Une boîte ronde et noire est fixée sur le front à l'aide d'une ficelle nouée derrière la tête. C'est le *tokin* ; sa forme rappelle le chapeau des sages taoïstes chinois mais il est aussi utilisé comme gobelet pour boire aux ruisseaux. La conque marine, l'attribut le plus visible, était connue en Inde ; c'est le moine Kūkai, fondateur de la secte bouddhiste Shingon, qui aurait rapporté ce coquillage des mers chaudes de Chine. Apprendre avec un maître la technique pour en jouer prend des mois, voire des années, et souffler dedans, des heures durant lors d'un pèlerinage en montagne, représente un défi physique. Dernière pièce de l'équipement, le *hishiki*, porté sur le fessier, est une peau de bête (daim, chèvre ou mouton) qui protège de l'humidité et du froid lors des pauses assises.

Parmi la vingtaine de *yamabushi* présents ce soir, je distingue trois femmes, actives durant la cérémonie qui débute après un discours solennel de l'abbé, installé comme un pacha sur son trône. Des objets sont présentés aux spectateurs, dont une courte épée. Ensuite entrent en piste deux femmes ; l'une porte un arc, l'autre tient des flèches aux empennages colorés. Ces flèches sont tirées dans six directions à l'extérieur du carré sacré délimité par des cordes : nord-est d'abord, la direction des démons, l'est et l'ouest ensuite, le sud et le nord, le centre puis de nouveau le nord-est. Ce rituel est ponctué d'incantations et de formules magiques pour chasser le mal. Après d'autres rites impliquant une hache et un sabre sacrés, le moment est venu de mettre le feu à la pile de bûches. Le bois de conifère étant encore vert, un énorme nuage de fumée blanche s'élève alors pendant que la nuit tombe et que le froid s'installe. Mais, comme bercé par le rythme lent de la cérémonie, je sens la fatigue du voyage me rattraper. Je comprends mieux pourquoi la plupart des spectateurs ont réservé une place assise... Le cœur lourd, je me résous à ne pas attendre la fin des festivités – ou mon endormissement –, et m'éclipse discrètement.

Les rues sont obscures et désertes, la brume les envahit depuis les vallons voisins et se mêle à la fumée du bûcher pour envelopper Yoshino et effacer la frontière entre réel et imaginaire. Dans cette atmosphère fantasque, je fais l'ascension de la colline et ressens l'attrait de ce lieu, le même attrait peut-être qui a conduit ici empereurs et ascètes, poètes et voyageurs. Eux et moi, entre jeu d'ombres et de lumière, sommes attirés comme des papillons de nuit.

Le lendemain, je prends mon petit-déjeuner dans le centre du bourg, assis face aux pentes couvertes des cerisiers aux couleurs automnales. Je songe aux raisons pour lesquelles j'aime ce pays, en dépit de ses contradictions : au Japon, par exemple, on laisse une place aux choses minuscules, imperceptibles, intuitives, on y chérit les introvertis, les rêveurs et les poètes. Mais y règne aussi le conformisme : on dit d'un clou qui dépasse qu'il faut l'enfoncer. Privilégier le groupe et sacrifier l'individu sont des « valeurs » auxquelles je peine à m'identifier, mais j'accepte les contradictions ; voici justement une des leçons apprises au Japon...

Le soleil du matin me caresse le visage avec une douceur inattendue. La brise fait danser le rideau blanc dans l'entrée – moments de grâce et de sérénité, que l'art de vivre nippon célèbre et sublime. Si l'on veut profiter du soleil, il faut accepter les ombres, dit-on ici. On accueille donc pleinement les deux. *Uketamō*, c'est cela aussi.

J'ai prévu d'arpenter les contreforts du mont Yoshino avant de grimper vers le bourg depuis le fleuve Yoshinogawa. Je serai accompagné par un guide local, du nom de Yoshi, qui m'a donné rendez-vous devant la gare de Yoshino. Vêtu de sa tenue de parfait petit randonneur et la tête coiffée d'un foulard blanc, Yoshi se présente avec un mélange de déférence et de timidité typique des Japonais qui n'ont pas l'habitude de fréquenter des étrangers. Proche de la soixantaine, il affiche néanmoins un franc sourire et une certaine bonhomie très agréable. Après le rituel des présentations, lui et moi prenons un bus qui nous mène jusqu'au lieu-dit Miyataki, une vaste prairie coincée entre la route et la rivière Yoshinogawa. Un panneau informe sur l'importance du site : un site occupé depuis l'époque Jōmon (14000 à 300 av. J.-C.). Des historiens pensent même que le palais Yoshinomiya, siège de plusieurs empereurs et cité par les sources historiques, se trouvait là.

À quelques encablures, la rivière se faufile à travers un goulot de roches calcaires. L'eau y est profonde, à la couleur turquoise rehaussée par les rayons du soleil. Cet endroit s'appelle Yume-no-wada, *wada* signifiant « le bord stagnant de l'eau ». Le site se trouve mentionné dans le *Manyōshu* (« collection des dix mille feuilles »), la plus ancienne anthologie poétique du Japon, compilée autour de l'an 760 par Otomo no Yakamochi. Les thèmes traités dans cette source inestimable vont de la nature aux voyages en passant par les relations sentimentales et des faits historiques…

Après avoir admiré les pins noirs poussant sur un promontoire du nom de Nakaiwa-no-matsu, qu'admirait déjà l'empereur Chōkei (1343-1394) lors de ses chasses, nous traversons la rivière et pénétrons l'univers de la forêt et de la montagne en suivant un vallon encaissé. Une large clairière s'ouvre : nous longeons des rizières et de paisibles maisons. Comme si souvent à la campagne, il n'y a pas âme qui vive. Une sente caillouteuse s'engouffre ensuite dans les taillis. Après une ascension au beau milieu des cèdres, nous faisons soudainement face à une imposante cascade.

— Elle fait une douzaine de mètres de haut, me dit Yoshi. Vous connaissez Hokusai ?

— Le célèbre peintre ? Oui, bien sûr.

— Vers 1832, il a immortalisé ce lieu par une œuvre intitulée *La Chute d'eau où Yoshitsune a lavé son cheval à Yoshino dans la province de Yamato*. Mais le maître ne se serait pas déplacé lui-même en ce lieu, me confie Yoshi avec un sourire malicieux. Il aurait exécuté son tableau selon des descriptions qui lui furent fournies.

Yoshi se révèle de plus en plus loquace. Lors d'une pause, il me confie qu'il est un simple employé de bureau mais occupe son temps libre en travaillant comme guide.

— Vous parlez si bien anglais, dis-je, admiratif, que vous avez sans doute vécu à l'étranger.

— Non, non. J'ai appris moi-même, grâce à des cours du soir.

Yoshi appartient à cette catégorie de Japonais qui rencontrent peu d'étrangers, aussi se donne-t-il à fond en tant que guide.

Remonter sur la colline nous occupe une quarantaine de minutes. À un col, un panneau mentionne la présence d'ours dans les environs. La nature, si paisible au premier abord, est potentiellement dangereuse : ours (dans l'archipel nippon, 150 attaques d'ours dont 5 mortelles ont été recensées cette année), serpents dont la redoutable vipère *mamushi*, et frelons géants *(suzumebachi)* dont le venin peut engendrer un choc anaphylactique. Aujourd'hui cependant, aucune mauvaise rencontre ! Nous suivons paisiblement la crête boisée qui nous conduit, après une courte marche, au cœur d'une plantation de cerisiers dont les branches nues ne conservent que de rares feuilles tachetées d'orange et de rouge. Une route mène ensuite au temple du Nioirin-ji, sur le flanc de la colline faisant face à Yoshino. C'est un temple silencieux comme il en existe des milliers au Japon. Selon Yoshi, le Japon compterait encore quelque 76 000 temples bouddhistes et 84 000 sanctuaires shintoïstes.

— Quel avenir pour tous ces temples dont le gardien n'a bien souvent pas de successeur ?

— Dans certains cas, leur gestion est reprise par les moines d'autres monastères qui vont en assurer l'entretien. Dans d'autres cas, les collectivités locales en assument la pérennité.

De retour à Yoshino, Yoshi n'a pas à insister pour me convaincre de visiter le Kinpusen-ji où, la veille, s'est déroulée la cérémonie du feu. Sa salle principale est imposante : il s'agit de la deuxième plus grande structure en bois au Japon, après le Tōdai-ji, à Nara.

La légende raconte que ce temple fut fondé par En-no-Gyōja après une retraite de mille jours dans les monts Ōmine, au terme desquels la divinité Zaō-gongen devint la protectrice des *yamabushi* locaux. Zaō-gongen serait la manifestation de trois êtres : le Bouddha Shakyamuni et les bodhisattvas (futurs bouddhas) Avalokiteshvara et Maitreya qui incarnent respectivement le passé, le présent et le futur. Le toit du temple est porté par de titanesques poutres taillées dans les différentes essences d'arbres qui poussent dans les montagnes voisines. Si, au cours de sa longue histoire, la structure fut détruite par plusieurs incendies, l'édifice actuel date quand même de 1592. Il renferme trois statues de Zaō-gongen, visibles pendant une courte période en automne. Elles sont en bois, et la plus haute mesure 7 mètres. Sous des airs de démon à la peau bleue, Zaō-gongen est impressionnant. En la regardant, j'espère que j'aurai l'occasion de fouler le sommet des monts Ōmine, où cette force spirituelle s'est manifestée la première fois pour en faire le lieu le plus sacré du *shugendō*.

3.

L'ARBRE AUX QUARANTE ÉCUS

MON SÉJOUR À YOSHINO touchant à sa fin, je décide de quitter temporairement les zones d'altitude et d'explorer l'ouest de la préfecture de Nara : c'est le lieu où En-no-Gyōja aurait vécu avant d'approfondir ses pratiques ascétiques sur les monts Ōmine. Je prends donc le train qui m'amène de Yoshino à Gose, ville située au pied des monts Katsuragi et Kongo. Cette région, entre le Katsuragi et les villes d'Asuka et de Tenri, est le berceau de la civilisation japonaise. C'est également ici, dans les alentours du temple du Kisshoso-ji de Gose, qu'En-no-Gyōja serait né, en 634. Je veux m'imprégner des vestiges de ce Japon ancestral et découvrir les contreforts du massif en suivant le chemin du Katsuragi-no-michi : c'est là que notre mythique *yamabushi* mena ses premières ascèses, avant d'en être chassé pour sorcellerie et manipulation de la population.

S'il est indubitable qu'un personnage du nom d'En-no-Gyōja a vécu dans la région de Katsuragi, sa figure a été mythifiée par des récits qui en firent le parfait ascète des hautes solitudes. Parmi les pouvoirs magiques qu'on lui attribue : des dons de guérisseur et la faculté de voler dans les airs. Il est établi qu'En-no-Gyōja a tracé dans les monts Ōmine des chemins de pèlerinage, mais la tradition le place même à l'origine du culte sur les sommets sacrés de l'archipel, à l'exception du Dewa Sanzan. En dépit de sa nature plus ou moins légendaire, la figure d'En-no-Gyōja fut fondamentale pour rassembler les ascètes itinérants qui, jusque-là, vivaient dispersés. Ces ascètes pratiquaient en suivant un régime particulier et en se soumettant à des épreuves comme la méditation sous les cascades. Le bouddhisme leur enseigna la récitation de prières et de formules magiques.

Je fais étape à la gare de Tamede, qui a des airs de Far West. Puis je m'en éloigne en marchant à l'ombre d'un pont autoroutier ; nous sommes à la fin du mois d'octobre, mais le mercure dépasse encore les 25 °C. Le temple du Kisshoso-ji s'élève non loin, mais j'ai du mal à l'identifier au premier coup d'œil, tant il se fond dans les constructions urbaines et s'avère moins intéressant que ce que j'avais imaginé : derrière un simple portail en bois s'ouvre une cour de gravier avec deux bâtiments fermés au public. C'est tout. Pas le moindre ascète non plus. J'aurais pu m'épargner cette visite et pousser directement jusqu'à la gare de Gose, proche des montagnes.

Je me retrouve maintenant à traverser une bourgade sans vie pendant trois quarts d'heure puis sa campagne : rues désertes où tout semble abandonné ou fermé. Le Japon des bourgs ruraux : tour à tour musée à ciel ouvert et paysage aux constructions modernes sans âme.

Manifestement, je ne suis pas un bon disciple du Bouddha : j'avais nourri trop d'espoir. Ne s'attendre à rien, s'ouvrir à toute possibilité, voilà le secret ! D'ailleurs, après avoir rejoint la gare de Gose, je m'engage sur une artère très fréquentée qui semble filer droit vers ma destination, l'imposant Katsuragi, qui se dresse à l'ouest.

En vérité, j'ai manqué la bonne direction, et je ne trouve pas la moindre indication pour m'aider. Pour ajouter à ma détresse, le soleil tape fort sur l'asphalte, et je commence à fatiguer. Heureusement, je remarque un bosquet au milieu des rizières. Par expérience, je sais qu'il s'agit d'un sanctuaire shintoïste – la promesse d'un endroit calme, au frais, probablement équipé de sanitaires. Je ne me trompe pas et j'y goûte un repos salvateur. J'identifie ensuite sur ma carte rudimentaire le véritable point de départ du chemin Katsuragi-no-michi : un rocher entouré d'une corde en paille tressée *(shimenawa)* indiquant son caractère sacré. C'est la « pierre aux six Jizō », du nom d'un bodhisattva au portrait sculpté dans la roche il y a plus de huit cents ans à la suite d'un glissement de terrain qui a porté là ce roc depuis les pentes du Katsuragi. Les bodhisattvas sont des êtres en chemin vers l'éveil qui veillent sur les hommes, et Jizō en est peut-être la représentation la plus commune : on le trouve partout, près des routes, des temples ou des cimetières. Il est le protecteur des voyageurs et des enfants morts prématurément.

Le paysage devient bucolique : rizières, champs de légumes et de fleurs, simples demeures de campagne, hangars et cabanes de toutes sortes. La récolte du riz bat son plein en ces journées ensoleillées de fin octobre. Cette céréale a toujours occupé une place centrale dans la civilisation japonaise ; on a retrouvé les origines de sa culture dans le bassin de Nara. On estime que des êtres humains ont commencé à vivre là dès la seconde moitié du paléolithique, il y a environ vingt mille ans. Après l'ère Jōmon, qui a vu se développer la chasse et la cueillette, la culture du riz est arrivée au Japon via la Chine, amorçant la transition vers une société agricole.

Aliment très nutritif, le riz a permis de nourrir et de développer une population importante, facilitant la stabilisation du mode de vie et la sédentarisation. La « force du riz » a donné naissance à d'immenses villages protégés de douves. Par le jeu des alliances, la région du Yamato s'est retrouvée en possession de la quasi-totalité du pays, jusqu'à en devenir le centre, au point que le mot « Yamato » en est venu à désigner l'ensemble du Japon. Le bouddhisme a, lui, été introduit au Japon au cours du VIe siècle ; la capitale était alors Asuka, dans le bassin de Nara. Puis, après un siècle, la capitale fut de nouveau Nara. Enfin, quatre-vingt-quatre ans plus tard, Kyōto prit la relève, prospérant pendant plus d'un millénaire, avant que ce soit au tour de Tōkyō. Et le royaume du Yamato sombra peu à peu dans l'oubli.

La moitié des champs ont déjà été moissonnés. Les faisceaux de paille sèchent au soleil devant les rizières restantes, qui offrent un spectacle saisissant : les gerbes dorées se détachent sur le ciel bleu azur. Je poursuis la marche au pied de la montagne jusqu'au sanctuaire du Komagata Oshige-jinja, auquel mène une allée de cerisiers, dont la couleur des feuilles hésite entre le vert et le rouge sang. En regardant la dorsale des monts Ōmine, je comprends pourquoi l'ascète En-no-Gyōja a été attiré par ces sommets autrement plus vertigineux que le Katsuragi. Plus près se déploient les rizières et les arbres fruitiers, avec leurs mandarines et leurs kakis. Je ne peux résister à la tentation et vole un kaki que je croque à pleines dents. Son jus sucré et chaud remplit ma bouche et me rappelle des moments de bonheur passés.

Tout se cultive ici : fleurs cosmos, aubergines, oignons, poivrons, pommes de terre, choux et encore bien d'autres légumes qui me sont inconnus, et parfois même des lotus. Une vingtaine de minutes de marche à travers ces champs paradisiaques bordés de bosquets de bambou m'amène au plus important sanctuaire de la région, le Hitokotonushi-jinja. Il s'agit d'un élégant pavillon en bois de cèdre construit au pied du Katsuragi. Contrairement aux sanctuaires déjà entrevus, où j'étais souvent le seul visiteur, celui-ci est nettement plus fréquenté. De nombreux couples de retraités viennent y prier parce que c'est le sanctuaire principal de la divinité Hitokotonushi-no-okami qui, selon le *Kojiki* (le plus ancien recueil de mythes, publié au VIIIe siècle), est capable de reconnaître les souhaits de chacun à partir d'un seul mot. Il se dit même que l'endroit fut le sanctuaire familial d'En-no-Gyōja. Ce dernier aurait été assez puissant pour forcer la divinité locale à construire un pont sur les 20 kilomètres qui séparent les monts Katsuragi et Yoshino !

Le sanctuaire possède une atmosphère sacrée palpable, qui doit peut-être beaucoup au ginkgo vieux de douze siècles qui pousse là. Cet arbre, dit « aux quarante écus », aurait le pouvoir de donner naissance à des enfants vigoureux et de procurer du lait sain aux bébés. Il est en fait le but principal de ma visite. Je m'assieds donc sous l'imposante ramure et m'imprègne de sa présence silencieuse. Les feuilles, petites mais vivaces, passent doucement du vert *matcha* au jaune doré. La base du tronc étant fragilisée, l'arbre est soutenu par des piliers qui le maintiennent dans une position vaguement verticale. Mais par sa masse, il fait penser à un roc. S'en échappent des excroissances typiques des vieux ginkgos, dont la forme fait penser aux pis d'une vache, d'où son nom d'*ichō no chichi*. De là sont nées les croyances sur les pouvoirs magiques de l'arbre.

Le calme et la sérénité de l'endroit sont propices au vagabondage de l'esprit : il y a deux ans, la maladie – ou devrais-je dire le destin ? – a frappé sans prévenir, tel un cataclysme contre lequel on se retrouve impuissant. Un jour d'été, la tempête a bouleversé la vie de ma compagne et la mienne : diagnostic de cancer du sein. Une tempête émotionnelle d'abord, un cyclone chimique ensuite. La maladie a fait table rase, mais nous avons survécu : moi dans l'œil du cyclone, Zsuzsanna au milieu des rafales, avec la gratitude d'être en vie malgré les dégâts physiques et psychiques. La tempête a duré six mois ; elle a emporté avec elle notre espoir de devenir parents. Peut-on se reconstruire après ? Je le pense, mais le bleu du ciel n'aura plus le même attrait, et les cicatrices resteront. La liberté demeure, elle aussi. La liberté d'agir. Peut-on faire le deuil de quelque chose qui n'a jamais existé me demandé-je en scrutant l'horizon, assis sous le ginkgo gardien du temps et des prières ?

4.

CONFIDENCES SPIRITUELLES

LE VOYAGE SE POURSUIT. Du centre de Honshū, je descends vers Kyūshū, terre volcanique. La préfecture d'Ōita y est connue pour ses sources d'eau chaude. Mais la raison de ma venue est autre : je dois retrouver Everett Kennedy Brown, membre comme moi du collectif *Writers in Kyōto*. Outre ses qualités d'écrivain, cet Américain est un photographe renommé et pratique le *shugendō*. Everett est un sexagénaire de stature menue, aux traits fins et au vif regard bleu clair ; il est vêtu à la manière simple d'un moine avec un *samue* endossé sur une chemise classique occidentale ; ses longs cheveux poivre et sel sont rassemblés en queue-de-cheval. Il se dégage de lui une impression de sérénité et de profondeur d'être. Une passion commune nous amène à nous intéresser à l'histoire locale.

L'île de Kyūshū est la région la plus proche géographiquement de la Corée et donc du continent. Ce fut la porte d'entrée des influences chinoises et coréennes, dont le bouddhisme. La péninsule de Kunisaki, en particulier, est connue pour ses traditions syncrétiques, mêlant bouddhisme et cultes anciens. Il faut aussi mentionner le mont Futago, au centre de la péninsule, qui a vu naître la singulière culture shinto-bouddhiste de Rokugo Manzan (« les six districts remplis de montagnes »).

Je repense à cette riche histoire pendant les huit heures de voyage en train jusqu'à Kitsuki, bourgade côtière du sud de la péninsule. Takae, la compagne de mon guide des prochains jours, m'y accueille avant de me conduire, au volant de sa petite Suzuki, sur la route côtière de la mer de Seto. La présence calme et posée de Takae me plaît d'emblée. Nous communiquons dans un anglais basique mais joyeux tout en roulant vers la maison d'hôtes qu'elle tient avec Tetsuo sur une plage. C'est dans une belle pinède que se dresse la bâtisse en bois qu'ils habitent. Everett et Tetsuo m'y attendent déjà.

J'avais rencontré Everett une fois auparavant, à Kyōto. Nous n'avions alors pas eu l'occasion d'échanger en profondeur, mais les prochains jours nous le permettent. Et je pressens que les échanges avec lui stimuleront mes propres recherches. Avant la tombée de la nuit, il me propose d'ailleurs une promenade sur le littoral. Je le suis, curieux d'en apprendre plus sur son cheminement spirituel depuis son arrivée dans l'archipel il y a plus de quarante ans.

Depuis la plage, j'aperçois des écueils, au large ; un portique shintoïste y a été levé et se détache sur l'horizon. Il indique la présence d'un sanctuaire caché entre les pins, que nous ne tardons à découvrir. Everett et moi entrons dans la cour, qu'un arbre vénérable protège de ses branches. Everett se saisit alors de sa conque, qu'il garde avec lui, et se met à en jouer – au fil des années, il est devenu un joueur virtuose. Dans la pénombre des pins rouges, le son ancestral favorise la contemplation. La conque est utilisée depuis des siècles par les *yamabushi* lors de cérémonies et de pèlerinages : les ascètes en jouent pour marquer leur arrivée dans la montagne et communiquer entre eux. Trouvant ses origines dans la culture indienne des brahmanes où elle représente l'attribut du dieu Shiva, cet instrument est une coquille de gastéropode marin, le triton, auquel on ajoute un embout qui permet de jouer trois à cinq notes différentes par la vibration des lèvres.

C'est ainsi que nous annonçons notre présence aux dieux et que nous inaugurons le voyage qui nous mènera en trois jours à travers la péninsule de Kunisaki.

Après le dîner, pris en famille avec Takae, Tetsuo et leur fillette, nous nous retirons pour un dernier verre de vin dans le salon. J'en profite pour interroger Everett sur son arrivée au Japon, son premier contact avec les *yamabushi* et le chemin qui lui a permis de devenir la personne qu'il est aujourd'hui : artiste-photographe, musicien et écrivain à la vie spirituelle bien remplie.

— Je suis arrivé ici en tant que jeune photographe-reporter. Pendant les premiers mois, j'ai voyagé dans le nord de Honshū, dans la préfecture d'Aomori, où vivent les dernières *itako*.

— Les femmes chamanes ?

— Tout à fait. De vieilles femmes aveugles qui s'entraînent au spiritisme pour communiquer avec l'esprit des défunts. Les rituels qu'elles pratiquent vont de l'exorcisme à la divination et à la guérison par la foi.

— Utilisent-elles la conque marine ?

— Non, mais les chants, et les instruments de musique tels que les clochettes et les tambours jouent un rôle crucial dans leurs cérémonies. Je suis donc allé à leur rencontre lors du festival annuel qui se tient au mont Osore : j'y ai rencontré des personnes dont les grands-parents avaient vécu à la période Edo, quand le Japon connaissait un isolement volontaire et sortait de la période médiévale. J'ai mené des interviews avec les chamanes et séjourné chez elles. J'ai ainsi pu en apprendre plus sur les ascèses qu'elles pratiquaient pour développer leurs pouvoirs.

— Ces vieilles femmes se soumettaient encore à des ascèses ?

— Oui, leurs pratiques comprenaient des ablutions à l'eau froide, parfois sous une cascade en plein hiver... L'idée de développer des capacités spirituelles grâce à l'exposition à l'eau froide m'a fasciné – j'avais horreur du froid.

Après une pause, Everett reprend :

— Pendant toute ma vie, j'ai essayé de dépasser mes faiblesses, et l'idée qu'un jour je pourrai méditer sous une cascade en plein hiver a pris forme en moi.

— C'est comme ça que tu as entendu parler des *yamabushi* ?

— J'ai lu des livres à leur sujet, je voulais en savoir plus. J'eus vite l'impression qu'il s'agissait d'un monde très masculin, presque macho, et cela me rebutait. L'idée de pratiques ascétiques m'attirait, mais les *yamabushi* ne me séduisaient guère.

— Et comment as-tu changé d'avis ?

— Lors d'une visite au Dewa Sanzan, j'ai rencontré maître Hoshino, une personne bienveillante et pleine d'esprit. L'idée a mûri en moi de suivre un entraînement ascétique avec lui. Et il y a dix ans, j'ai reçu l'invitation d'un ami à le rejoindre pour une retraite ascétique justement avec maître Hoshino. Je vivais alors dans une ferme de la préfecture de Chiba, aux portes de Tōkyō, et j'avais l'habitude de faire de longues marches pieds nus sur le littoral. J'ai donc entamé la marche avec maître Hoshino simplement équipé de sandalettes. Mais il a fallu faire l'ascension du Gassan, à 2 000 mètres d'altitude, par mauvais temps. Tous les disciples grimpaient en file indienne, et je fermais la marche. À un moment, j'ai levé les yeux vers maître Hoshino : il me regardait. À cet instant précis, la languette d'une de mes sandales a cédé. Je me suis retrouvé pieds nus, ce qui a permis à l'assistant du maître de me reprocher une nouvelle fois de ne pas porter de vraies chaussures. Il a couru vers maître Hoshino, qui a hoché la tête et dit sans s'inquiéter : "C'est bon, il va se débrouiller."

— C'est ce que tu as fait ? demandé-je.

— J'ai poursuivi pieds nus, effectivement. Mes pieds étant devenus calleux à force de randonnées sur le littoral, je n'ai pas éprouvé de problème majeur sur le rocher. Au sommet, j'ai même cheminé sur les névés – une expérience intéressante. Il faisait froid, la roche m'a semblé plus dure, mais la stimulation de mes pieds a réveillé des parties de mon cerveau jusque-là inutilisées. Cela n'est guère surprenant : les acupuncteurs disent que la tête et les pieds ont des liens étroits. Je me suis senti très serein pendant que nous escaladions des falaises, j'éprouvais même la sensation de progresser sans effort et de « voir par les pieds ».

— Tu veux dire que les chaussures nous séparent d'un contact direct avec la terre ?

— Oui, et cet épisode a aussi consacré ma connexion avec maître Hoshino : ma détermination l'a impressionné. Et moi, j'ai apprécié sa confiance.

— Et comment s'est achevée cette fameuse sortie ?

— Du Gassan, nous sommes descendus vers le Yudono et les cascades. C'était là le véritable défi pour moi, le *takigyō*...

La pratique du *takigyō*, spectaculaire, m'attire depuis longtemps. L'immersion dans l'eau froide, que ce soit dans la mer, un fleuve, un lac ou sous une cascade, est ancienne dans les cultures chamaniques asiatiques, dans l'Himalaya comme chez les taoïstes ou les *yamabushi*. Cette approche du froid à des fins curatives corporelles et mentales a également connu un engouement récent en Occident. Le Néerlandais Wim Hof démontre depuis plus de trente ans que sa méthode, qui comprend trois volets (immersion dans le froid, respiration et entretien d'un état d'esprit de pleine conscience) peut contribuer à combattre les maladies dites « de civilisation » (le stress, certaines maladies auto-immunes, la dépression...). Selon Wim Hof, l'immersion régulière dans l'eau froide (ou à défaut une douche froide quotidienne) a des bienfaits : clarté de l'esprit, baisse du niveau de stress et des inflammations du corps, meilleure résistance aux germes pathogènes.

Deux mois avant de partir au Japon, afin de me préparer à une possible méditation sous les cascades, j'ai participé à un atelier de méthode Wim Hof. Notre groupe a d'abord pratiqué la respiration profonde, suivie de la rétention du souffle afin de nous préparer à l'immersion dans une baignoire remplie de glace. L'expérience a été douloureuse : lorsque je me suis immergé dans le bain à 0 °C, c'est comme si mille aiguilles m'avaient perforé la peau, avant qu'un intense sentiment de froid m'envahisse. J'ai quand même enduré les deux minutes prévues, à la suite desquelles une sensation de chaleur et de bien-être m'a gagné...

M'étant confié à Everett, je voudrais en savoir plus sur son expérience :

— Quand j'avais la vingtaine et que je vivais dans le nord du Japon, je m'immergeais dans l'eau froide, sous les cascades, seul. La grande question de ma vie était alors d'affronter la peur. Pour cela, je me suis mis au défi : j'ai dormi dans une cabane en altitude à proximité d'une chute d'eau et, par une nuit de pleine lune, au mois d'octobre, je me suis décidé à m'y risquer. Il faisait froid et, dans l'obscurité, je me disais : "Mais tu es fou, tu vas prendre froid ! Rentre vite dans la cabane au chaud !" Mais une voix en moi ajoutait : "Si tu n'y vas pas maintenant, tu ne le feras jamais !" Je me suis donc déshabillé et suis descendu dans l'eau au milieu des rochers.

— L'eau devait être très froide.

— Abominablement froide ! Je me souviens d'avoir crié : "Mais tu es fou !" Sur ce, je me suis jeté à l'eau et j'ai nagé jusqu'à la cascade. J'ai trouvé une pierre plate sur laquelle me tenir ; j'ai récité le *Sūtra du Cœur* pour me calmer. Ce faisant, j'ai éprouvé une véritable paix intérieure, et j'ai continué, j'ai répété le sutra plusieurs fois en sentant mon esprit s'élever avec la sensation d'habiter un corps devenu transparent, traversé par l'eau.

— La récitation du sutra a donc tout changé ?

— Elle m'a aidé à dépasser mes peurs et a élargi ma conscience. C'est difficile à exprimer, mais c'est comme si j'avais trouvé une autre dimension où j'étais capable de porter mon regard sur des dizaines de milliers d'années. Une voix me disait : "Tu as trouvé la voie. Inspire-toi de ce monde, enregistre-le à l'aide de ton art."

— Et ça a duré longtemps ? demandé-je.

— Quelques instants. Mes muscles ont commencé à trembler de froid. C'était ma première visite dans "l'autre monde". De retour à la cabane, j'ai repensé aux vieilles chamanes, qui avaient mentionné son existence...

Les propos d'Everett me donnent matière à réflexion. En bon scientifique, je doute par principe des récits d'expériences paranormales, mais je reste certain que notre pensée rationnelle est incapable d'enregistrer tout le potentiel de l'esprit humain. J'ai donc écouté en hochant la tête et en prenant quelques notes. Durant ce voyage, la moindre image, expérience, sensation ou parole me semble utile pour comprendre.

— Et pour revenir à la retraite et à la marche avec maître Hoshino...

— Oui, pardon, je m'égare. Mais fouler pieds nus le sommet sacré a justement été un moyen de ressentir cette conscience élargie. Il ne s'agissait pas exactement de la même conscience que lors du bain sous la cascade, mais il y avait un détachement semblable. J'ai commencé à apprécier ce genre d'entraînement, même si c'était physiquement éprouvant.

— Et en dépassant la souffrance physique, as-tu ressenti une forme de liberté ?

— J'ai développé un véritable penchant pour cette liberté spirituelle. Il y a toutefois les obligations : il faut gagner sa vie, vivre en famille... Du coup, je ne pouvais accéder à cette liberté qu'occasionnellement. J'ai donc pris conscience que le véritable entraînement n'a pas lieu en montagne mais en société, dans la vie quotidienne : c'est là que se trouvent les vraies difficultés. On peut bien sûr choisir de les éviter grâce à la bonne chère, au sexe, au *shopping* ou à d'autres distractions. Moi j'étais fermier à l'époque, je cultivais du riz bio et, durant le travail aux champs, j'avais le loisir de m'immerger dans une sorte de transe. Atteindre cet état n'était pas difficile, au point que lorsque je désherbais les parcelles, que je fatiguais et avais envie d'abandonner, une voix m'incitait à continuer. J'ai appris que si j'allais outre mes capacités, une forme de conscience nouvelle apparaissait.

— Excuse-moi de revenir à tes vertes années, mais ressentais-tu cet appel quand tu étais jeune ?

— Enfant, je n'étais pas heureux ; il m'arrivait de ressentir un bonheur intense le long de la colonne vertébrale, comme du miel chaud qui aurait coulé autour de mes os. Je me demandais alors d'où provenait cette sensation. Et pourquoi elle n'était pas présente tout le temps ? J'ai cherché la réponse dans la bibliothèque de mon père : Jung, Freud... J'étais fasciné par mes lectures ; je comprenais les mots, mais je comprenais aussi leurs limites.

— D'accord, mais tu n'as pas répondu à ma question sur ta relation à maître Hoshino, dis-je en souriant...

— Je me suis entraîné avec lui à cinq occasions. Il m'a finalement proposé de le rejoindre plus souvent, d'autant que j'avais appris à jouer de la conque marine. Mais maître Hoshino a soudainement gagné en popularité, et les occasions de m'entraîner avec lui se sont raréfiées. De plus, j'ai déménagé à Kyōto, où j'ai rencontré d'autres *yamabushi*, avec lesquels je me suis entraîné. Ils m'ont invité à les rejoindre lors d'une retraite qui nous mènerait de Yoshino jusqu'à la cime des monts Ōmine : il fallait commencer l'ascension à 2 heures du matin pour achever la marche en début de soirée. Certains des *yamabushi* se demandaient ce que faisait un étranger parmi eux. Mais j'étais prêt à montrer de quoi j'étais capable. En vérité, je pensais faire une agréable promenade en forêt en suivant la tradition. Sauf que c'est un parcours normalement effectué en deux étapes, et que nous l'avons accompli d'une traite. Arrivés au sommet, certains *yamabushi* étaient exténués. Moi, fort de mon expérience de randonneur, je n'étais pas fatigué. Pendant la marche, je me suis même senti détaché de la situation.

— J'ai entendu parler, dis-je en me rappelant mes lectures, d'une dimension où passé et futur s'entremêlent au présent, et où l'on est effectivement comme détaché de son propre corps...

— C'est effectivement ce que j'ai ressenti. Mais j'avais en plus la vision d'un *yamabushi* de l'ancien temps qui marchait sur le même parcours que moi, et je ressentais une forte connexion avec lui.

— Et comment s'est achevée cette marche, alors ?

— Nous avons atteint la cime. On m'a pris par le bras : “Viens voir l'endroit où En-no-Gyōja a accédé à l'autre monde !” J'espérais vivre une émotion forte, une sorte d'expérience mais je n'ai rien ressenti – mes attentes, mon ego se mettaient-ils en travers de la voie ? Puis nous sommes descendus de la montagne et avons prié au temple. J'ai alors ressenti une agitation intérieure : toutes ces prières me rebutaient. Je n'étais pas venu pour une religion mais pour retrouver mon âme et communier avec la terre grâce aux techniques des *yamabushi*. J'aspirais juste à sortir du temple et retourner dans la nature. C'est d'ailleurs pour cela que j'apprécie maître Hoshino : s'il trouve un endroit vraiment beau dans la nature, il va s'arrêter pour juste ressentir, à l'inverse de beaucoup de *yamabushi*, qui ne font que suivre la tradition pour mettre à l'épreuve leurs pouvoirs. Or l'objectif de maître Hoshino est de se reconnecter avec notre âme et avec l'âme de la terre, dit Everett en finissant son verre cul sec, signe que la soirée touche à sa fin.

Le lendemain, je m'en vais assister sur la plage au lever du soleil, à 6 heures et demie, accompagné de Tetsuo, qui ne raterait ce moment-là pour rien au monde. En bon photographe, Everett est déjà installé face au portique shintoïste construit sur les écueils. Il regarde vers l'est, où une lueur annonce la magie à venir. Il photographie, me dit Tetsuo, la même scène tous les matins, le même cadre, le même sujet. « Chaque lever du soleil révèle des nuances inédites », précise-t-il. Enfin, le soleil surgit. La mer prend feu ; la scène est impressionnante, au point que nous gardons le silence. Trois ombres sur la plage face à l'immensité du miracle quotidien de la vie.

Après un quart d'heure de contemplation, profitant du départ de Tetsuo et d'Everett, je me décide à me baigner. Fin octobre, après un été torride, la température de l'eau reste agréable. Je profite de ce moment, seul au monde, en vue du sanctuaire, immergé dans les flots de la mer Intérieure. Je rejoins même à la nage les rochers et le portique. J'y reste, perdu dans mes réflexions, pendant que le soleil continue de s'élever et de chasser la nuit.

La suite de la matinée se poursuit dans l'oisiveté ; j'écris, assis dans la véranda, tout en songeant aux journées vécues depuis mon arrivée, incroyablement denses.

C'est comme si mes sens s'amplifiaient, comme si j'avançais dans une double réalité. Puis Tetsuo nous embarque, Everett et moi, dans sa voiture pour rejoindre le cœur montueux de la péninsule : des collines boisées et escarpées, parsemées de falaises volcaniques formant de vertigineux éperons. La route nous mène à travers tunnels, vallons sauvages et hameaux silencieux jusqu'à un lieu perdu en pleine campagne. C'est d'ici que nous escaladerons le Nokogiri et ses crêtes rocheuses.

Everett et Tetsuo ont apporté leurs conques ; nous chercherons l'emplacement qui donne le meilleur écho. Tetsuo a fait des reconnaissances dans les parages, et il veut nous montrer des endroits prometteurs. Pendant la courte ascension, j'ai l'occasion d'interroger Everett sur son rapport avec la conque, et il embraye aussitôt sur une anecdote :

— Lors d'un reportage photographique sur les sommets de Kumano, on m'a donné une conque japonaise. Mes premiers essais pour souffler dedans n'ont pas été encourageants. Mais en jouant de l'instrument en pleine nature, je me suis amélioré. J'ai même découvert que l'écho me permettait de me situer dans le paysage.

— À la manière des chauves-souris ?

— En quelque sorte. Je me suis représenté le paysage grâce la qualité et aux nuances de l'écho. Cette idée m'a fasciné. Dès lors, j'ai voulu jouer de cet instrument à la perfection. Il m'a fallu plus de dix ans. Au début, je restais prisonnier de mes pensées, et c'était difficile de me concentrer sur mes propres sensations.

Mais ces dix ans de pratique m'ont libéré de mes tensions. Maintenant, quand je joue de la conque en montagne, cela ouvre des espaces en moi, ma conscience s'élargit et se lie au paysage ; je fais l'expérience du silence et de la communion avec la nature, et c'est tout ce dont j'ai besoin pour vivre.

Entre-temps, nous avons rejoint un éperon rocheux situé sous la cime du Nokogiri. De là, le regard plonge sur les collines jusqu'à la mer, au loin. La douce lumière du soleil d'octobre fait briller le feuillage jaune miel et vermillon des érables. Je rejoins Tetsuo et Everett au sommet, une crête étroite bordée, de chaque côté, par le vide et où je suis frappé de vertige, au point que mes compagnons d'aventure s'inquiètent pour la suite du parcours car, si les collines de Kunisaki ne dépassent guère 700 mètres d'altitude, la roche volcanique friable a donné lieu à de spectaculaires arêtes rocheuses et à des falaises familières des moines, qui s'y entraînent depuis des siècles.

L'exposition au vide fait partie des épreuves auxquelles se soumettent les *yamabushi* débutants... Je décide néanmoins de suivre mes compagnons. Nous descendons alors un sentier dans la broussaille pour finalement gravir une cime secondaire du Nokogiri, composée d'un système de crêtes rocheuses qui se chevauchent et qu'il faut escalader à l'aide d'échelles et de chaînes. Comme je réussis à me concentrer sur chaque pas et non sur le vide à droite et à gauche, tout se passe bien, et nous atteignons un promontoire duquel la vue est saisissante.

En face de nous, un cirque de roches volcaniques. C'est d'ici qu'on entend un des meilleurs échos de la région, assure Tetsuo : nous prenons donc place pour une séance de conque. Everett s'installe en haut d'un rocher et commence à souffler. Le son de la conque emplit l'air, puis nous comptons la durée de l'écho, qui se multiplie sur les hauteurs tout autour : 1, 2, 3, 4, 5 secondes. « Pas trop mal », dit Everett. Tetsuo s'y essaie à son tour mais peine à émettre un son puissant. Il manque d'expérience et laisse donc le champ libre à Everett. Les échos se multiplient. C'est un rituel, un son qui a une qualité sacrée.

Nous escaladons ensuite des formations rocheuses en dents de scie situées sur le *mine-iri*, un pèlerinage de 160 kilomètres qui fait le tour de la péninsule. Les origines de cet itinéraire, dont une variante se parcourt encore rituellement tous les dix ans, remonteraient à la nuit des temps. En effet, avec ses nombreuses grottes et falaises peu accessibles, Kunisaki fut longtemps fuie par les hommes. Et pour cause : y vivaient des *oni*, sortes de démons à la férocité reconnue mais égalant presque les bouddhas par leur capacité à délivrer le bonheur – au Moyen Âge, les prêtres en vinrent même à les concevoir comme des incarnations divines. Afin de s'approprier leurs pouvoirs, ils décidèrent justement de poursuivre leur entraînement spirituel dans les montagnes : le *mine-iri* était né. D'où la richesse en temples de la région, qui devint progressivement fréquentable. Mais sur ce trajet, il faut parfois sauter de roc en roc ou franchir des passerelles en altitude : c'est ce périlleux chemin de crête que parcourent les bonzes afin d'obtenir le même pouvoir que les démons. Le but de ce pèlerinage est aussi, par la prière, de contribuer au bonheur de la population locale, qui fait des offrandes aux pèlerins. Ce chemin a été emprunté par le Bodhisattva Ninmon, qui serait le premier ascète de Kunisaki.

Tetsuo veut nous emmener sur le site des *magai-butsu* : deux gigantesques bouddhas sculptés à l'époque Heian (794-1185) dans la roche. Sur la droite, c'est le Bouddha Dainichi Nyorai ; sur la gauche, c'est Fudō Myō-ō, particulièrement imposant avec ses 8 mètres de hauteur. Si Fudō Myō-ō est généralement représenté animé d'une colère effrayante, le haut-relief de Kunisaki incarne la paix et l'amour. Fudō Myō-ō, qui pourrait se traduire par « Immuable roi de la connaissance mystique », fait partie des divinités incontournables du panthéon bouddhiste ésotérique. On trouve son effigie à proximité des cascades, en montagne, et ce n'est pas un hasard si c'est une figure vénérée des *yamabushi*. Son apparente férocité symbolise l'expression de sa force et la capacité à transformer les obstacles qui ponctuent la route vers l'Éveil, figuré par le lotus au sommet de sa tête. Sur un rocher, il symbolise l'immuabilité de son être. Les flammes sorties de son corps représentent la purification de l'esprit, la combustion des désirs matériels. Du lasso dans sa main gauche, il saisit les pensées négatives, ensuite tranchées par le glaive brandi dans sa main droite.

Fudō Myō-ō a des points communs avec Shiva, le dieu hindou de la destruction, de l'illusion et de l'ignorance constructives d'un monde nouveau. Ça n'a rien d'étonnant, le bouddhisme japonais puisant ses origines en Inde via la Chine. Dans le *shugendō*, Fudō Myō-ō incarne le feu intérieur, que le pratiquant cultive en lui-même grâce à l'ascèse dans le froid des cascades. À cette pratique correspond, dans la religion populaire, l'aspersion des statues de Fudō Myō-ō, qu'on trouve fréquemment près des lieux familiers des *yamabushi*...

De retour chez Tetsuo, je prépare du café pour me remettre de mes émotions en me souvenant des crêtes du Nokogiri. Ma peur du vide a des racines profondes et hante mes cauchemars ; elle m'a sans doute été transmise par mon père, sensible au vertige. Je sais que le vécu de nos ancêtres s'exprime en nous par des émotions, qui souvent nous paraissent indéchiffrables. Mais pourquoi ne pourrai-je briser les chaînes de la transmission ? Voilà un nouvel objectif, né de ce voyage...

Le deuxième jour à Kunisaki s'annonce radieux. Je suis Tetsuo et Everett, qui porte en bandoulière sa fidèle conque, vers le centre géographique et point culminant de la péninsule, au nord du mont Futago. Après l'ascension d'un escarpement, nous longeons une paroi qui mène au temple d'Itsutsu-ji Fudō, niché dans la roche volcanique. Des escaliers y ont été taillés. En haut, je découvre le temple principal, composé d'une seule pièce d'environ 5 mètres sur 10, en bois de cèdre.

Pendant qu'Everett et Tetsuo discutent du meilleur endroit et de la technique pour trouver l'écho parfait, j'explore la crête contre laquelle le temple est blotti.

Derrière un bâtiment annexe, caché au premier regard et protégé par un nid d'abeilles sauvages, un sentier taillé lui aussi dans le roc serpente vers le promontoire, qui offre une vue plongeante sur l'intérieur de la péninsule. De retour, je trouve Tetsuo et Everett en pleine conversation avec un couple de retraités, venus témoigner leur respect au temple.

À l'intérieur, face à Fudō Myō-ō, je repense au Bodhisattva Ninmon ; c'est là qu'il aurait suivi son entraînement spirituel. En écoutant le son viscéral de la conque d'Everett se propager vers les cimes voisines – cette fois-ci, il dure six secondes, un record ! –, je me dis que Ninmon avait bien choisi l'endroit.

Tetsuo, Everett et moi profitons une bonne demi-heure du point de vue sur la mer Intérieure et Himeshima, « l'île de la Princesse ». L'envie de la visiter nous titille : un ferry la rejoint d'ailleurs depuis la bourgade de Kunimi, où nous prenons un somptueux déjeuner traditionnel avec vue sur un jardin zen. Nous embarquons sans nous faire prier vers cette île, qui déploie ses 7 kilomètres de reliefs volcaniques à quelques encablures de la côte.

Le nom de Himeshima dérive d'une légende : une princesse coréenne fuyant son pays pour échapper au mariage forcé s'est exilée là. Elle aurait même découvert la source d'eau chaude qui alimente aujourd'hui la station thermale de l'île. Cette histoire met en lumière un pan méconnu de l'histoire nippone : les influences et la migration coréennes, notamment aux débuts de la civilisation japonaise. De par sa position géographique, en face de la Péninsule, l'île de Kyūshū a été la porte d'entrée d'éléments culturels continentaux. Cette influence dérange les nationalistes japonais, qui prônent l'unicité et la supériorité de leur culture. Cependant, selon certaines sources, nombre de personnages historiques illustres au Japon pourraient revendiquer des origines coréennes. C'est justement le cas d'En-no-Gyōja. D'autres observateurs, comme John Dougill, pensent même que le shintoïsme, la religion animiste japonaise, puise ses racines dans le chamanisme coréen…

— Himeshima compte un peu moins de 2000 habitants, nous dit Tetsuo.

— Tous ne sont pas employés de la station thermale, j'imagine. De quoi les autres vivent-ils ? demandé-je.

— En grande partie de la pêche, et de l'élevage des crevettes géantes.

— Des crevettes géantes ?

— Oui, des crevettes endémiques ; elles se vendent à prix d'or. L'île est également classée, c'est une réserve géologique.

Nous louons justement un véhicule électrique pour en faire le tour. Notre première étape est le musée local. Dans ses vitrines est accordée de la place à l'obsidienne noire qui, à la préhistoire, a fait l'objet d'un commerce jusqu'à Ōsaka. On y admire aussi une défense fossilisée de mammouth, et un film retrace la formation de l'île, constituée à l'origine de cinq volcans. Malgré ses dimensions modestes, elle est mentionnée dans le *Kojiki* : dans le mythe de création de l'archipel nippon,

Himeshima occupe la douzième place dans la classification des îles créées par les divinités Izanagi-no-mikoto et Izanami-no-mikoto. Les îles isolées comme Himeshima ressemblent aux montagnes : elles servirent souvent de lieu d'exil, volontaire ou non, aux ascètes et ermites, ainsi que de siège aux divinités. Telles sont mes pensées tandis que Tetsuo nous conduit vers l'extrémité orientale de l'île. Un phare planté sur une falaise offre une vue magnifique sur le rideau des monts Kunisaki à l'ouest, tandis que les éminences de Honshū se dessinent à l'opposé.

Avant de rentrer, quoi de mieux qu'un passage dans les thermes de Hyoshimizu ! L'eau, qui sourd à 23 °C, est réchauffée pour les visiteurs. Elle est gazeuse et riche en fer, ce qui lui confère une couleur beige rouille peu appétissante. Et pourtant, quel bonheur de s'y immerger, de s'y prélasser en compagnie de mes amis, qui m'ouvrent de nouveaux horizons…

Depuis le bateau qui nous ramène à Kunisaki, je contemple l'étendue de la mer en pensant à mon haïku préféré, œuvre du poète vagabond Santōka Taneda :

Me voici
Là où le bleu de la mer
Est sans limites.

5.

LA MONTAGNE DU LOUP BLANC

Les adieux avec Tetsuo, Takae et Everett sont chaleureux : nous nous promettons de nous revoir bientôt. Everett prend un vol pour Tōkyō tandis que je saute dans le train à Kitsuki afin de retrouver le « Japon de l'envers », cette fois-ci dans la préfecture de Tottori sur la mer du Japon. Tottori est célèbre pour ses dunes de sable et pour le plus haut sommet de l'ouest de Honshū, le stratovolcan Daisen. Mais c'est le mont Mitoku et son célèbre pavillon Nageire-dō qui m'attirent. Le Nageire-dō serait « le trésor national le plus dangereux d'accès du Japon », rien de moins...

La montagne qui l'abrite fait l'objet d'un culte depuis plus de treize siècles. C'est un pôle du *shugendō*, dont l'accès fut longtemps réservé aux ascètes. De nos jours, il faut juste la condition physique nécessaire pour rejoindre sa cime – deux heures de marche aller-retour depuis le temple principal, le Sanbutsu-ji. Le but de ce pèlerinage, court et assez sportif, est de purifier les six racines de la perception (yeux, oreilles, nez, langue, esprit, corps) et de guérir les cinq sens. Le panorama depuis là-haut récompense les courageux. Quant au Nageire-dō, il s'agit d'une bâtisse adossée aux parois du Mitoku. Elle est simple mais mystérieuse : séparée du chemin par un ravin infranchissable, elle est loin d'avoir livré tous ses secrets. On ignore notamment quand et pourquoi elle a été construite.

L'endroit est pourtant largement promu dans les réseaux touristiques. Comme dans d'autres pays, sites sacrés et pratiques spirituelles sont parfois commercialisés à outrance. C'est notamment le cas du *shugendō.* Le *yamabushi* français Sylvain Guintard, fort de sa pratique vieille de plusieurs décennies des arts martiaux et du *shugendō* au Japon, a probablement raison quand il écrit que cette pratique comporte aussi bien des charlatans que de vénérables pratiquants, comme toutes les disciplines spirituelles. À chacun de faire la part des choses.

Mon point de chute est la station thermale de Misasa, située à une poignée de minutes de la gare de Kurayoshi, où je descends du train. Les sources chaudes sont ici réputées depuis des siècles pour leur teneur en radon, qui aurait des vertus thérapeutiques. L'histoire de Misasa Onsen débute, selon la légende, à l'époque Heian (794-1185) lorsque Heian-kyō (l'ancienne Kyōto) était la capitale impériale : un samouraï en pèlerinage au Mitoku fait la rencontre d'un loup blanc. Y voyant une réincarnation divine, il se refuse à tuer l'animal ; preuve qu'il a raison, un bodhisattva lui indique la nuit suivante où trouver de l'eau chaude sous les racines d'un vieux camphrier. Aujourd'hui encore, l'emplacement de l'arbre et de la source légendaires se visite, sous le regard de bronze du samouraï et du loup dont les statues se dressent à proximité...

Misasa s'est développée le long d'une rivière à l'aspect sauvage, mais n'a pas échappé au sort de maintes stations thermales nippones : pendant le *boom* économique, des années 1970 au début des années 1990, de gigantesques bâtisses en béton et en acier ont été construites pour accueillir une population aisée. De nos jours, nombre de ces hôtels sont abandonnés et défigurent le paysage. Misasa tire pourtant son épingle du jeu, le centre ayant su garder un charme désuet et de charmantes maisons en bois.

À l'office du tourisme, j'obtiens de précieuses informations sur le parcours du Mitoku ; tout semble en place pour permettre au touriste de vivre « une expérience spirituelle unique ». Une aventure hors du commun, forcément ! Ma déambulation se poursuit le long de la rivière : peu de magasins sont ouverts en semaine, quelques touristes locaux flânent en tenue traditionnelle, probablement sortis d'un établissement thermal. Nul étranger dans les rues, pas même à l'hôtel où je prends mes quartiers et déguste un dîner, copieux comme toujours, avec une spécialité locale, le crabe de la mer du Japon : cru en sashimi mais aussi en pot-au-feu. Ma soirée se termine dans les bains de l'établissement, où je suis l'unique étranger, désormais habitué à ce statut qui fait de moi une attraction...

Le lendemain est consacré à la découverte du Mitoku. Après un court trajet en bus, je descends au terminus en lisant la brochure de l'office de tourisme, qui alerte le promeneur : la route pour atteindre le Nageire-dō depuis le temple du Sanbutsu-ji est escarpée. Voilà ce qui fait du Nageire-dō « le trésor national le plus dangereux d'accès du Japon ». Après plusieurs accidents, il est même devenu interdit de s'y aventurer seul. Je m'associe donc aux touristes japonais, qui m'invitent à les rejoindre pour l'ascension. Mais avant de nous élancer, nous devons passer le contrôle, celui des chaussures ! Si elles sont inadaptées, il est possible d'acheter des sandales en paille tressée, qui sont magnifiquement antidérapantes...

Équipés de chaussures dignes de ce nom, mes compagnons d'aventure et moi accédons à l'enceinte sacrée. L'endroit est pittoresque, avec des arbres séculaires et une forêt de moyenne montagne aux allures sauvages. À l'endroit nommé Shikuiri, un ponton marque l'entrée de la zone sacrée. Des racines et des lianes encombrent le sentier abrupt qui mène à la crête. Il s'aplanit ensuite légèrement jusqu'à une paroi rocheuse en haut de laquelle trône le temple Monju-dō construit en bois. Des chaînes permettent de grimper jusqu'à la bâtisse carrée entourée sur les quatre côtés d'un balcon sans garde-fou. C'est le passage difficile, il faut escalader la falaise, lisse, haute de 10 mètres, en se hissant avec les bras – un entraînement qu'apprécient les *yamabushi* pour repousser leurs limites.

Une fois arrivés, nous ôtons nos chaussures afin de pouvoir fouler le plancher du balcon sans parapet. De là, nous avons une vue plongeante sur la vallée boisée et les collines embrumées qui séparent Misasa de la mer du Japon. Par temps clair se dévoilent les pentes inférieures du mont Daisen et, au loin, l'archipel d'Oki, dans la préfecture de Shimane. Nous gardons le silence, assis sur le parapet du temple. La beauté du panorama est censée purifier la vue du pratiquant...

Nous poursuivons l'ascension jusqu'à voir une immense cloche suspendue sous un portique en bois – le son de la cloche purifie l'ouïe, disent les bouddhistes –, puis un modeste temple dans un abri-sous-roche. Le chemin plonge derrière ce bâtiment dédié à la déesse Kannon, frôle la paroi, dans la pénombre qui évoque le ventre maternel et la renaissance du pèlerin. Puis, au terme d'une heure de grimpette, la perle du Mitoku se dévoile, à 900 mètres d'altitude. Le Nageire-dō apparaît enfin, dans une échancrure de la falaise, en équilibre sur de frêles pilotis, comme suspendu dans le vide. Son toit aux courbures rappelant les pagodes et la légèreté de ses piliers en font un chef-d'œuvre architectural. Il a d'ailleurs été élu *kokuhō*, « trésor national ». On se demande comment les anciens ont réalisé la prouesse de construire ce temple au bord du précipice. C'est un endroit unique, comme je n'en ai jamais vu au Japon : son accès se mérite au prix d'un effort dont mes muscles se souviendront à coup sûr le lendemain.

Après de longues minutes de contemplation en silence, nous redescendons par le même sentier et, une heure plus tard, nous retrouvons la route, où nous attendons le bus pour Misasa. C'est là que je prends congé de mes compagnons d'escalade avec force sourires et gestes d'adieu. L'endroit est unique et attrayant, c'est un fait : la distance relativement courte à parcourir et la variété des paysages aussi bien que des expériences le prédestine à rencontrer du succès : un nouveau tourisme se développe au Japon avec les pratiques physiques et spirituelles d'une journée en nature. « Qu'elles soient culturelles ou matérielles, ces expériences sont soumises à une seule règle, nous dit le fin connaisseur des religions nippones Alexandre Goy sur le site Internet Kaléidoscope du Japon : leur réalisation dans une durée courte et définie. On parle d'une journée, mais la durée des activités varie d'une vingtaine de minutes à deux ou trois jours. Il s'agit simplement de marquer la valeur événementielle de l'expérience. [...] Les lieux dans lesquels s'inscrit ce mouvement sont donc souvent riches d'un environnement particulièrement attractif pour le tourisme : nature généreuse, localité active, culture ancrée dans la tradition. »

Mes recherches, s'étalant sur l'espace d'un mois, rentrent dans cette catégorie. Me faut-il y voir une tendance déplorable ou au contraire me réjouir ? Ces activités suscitent des retombées économiques intéressantes pour les temples, les communautés et les associations qui les organisent. Dans le meilleur des cas, l'ensemble des habitants, souvent ruraux et défavorisés, en bénéficie. Les *yamabushi* du mont Haguro consacrent ainsi une partie de leurs revenus à l'entretien des cèdres centenaires qui bordent le chemin sacré.

Le pèlerin qui prend part à ces activités mène avant toute chose une quête personnelle, associée ou pas à un sentiment religieux: le *shugendō* offre des possibilités réelles quoique certains l'accusent de perdre son authenticité – encore faudrait-il définir cette notion... De l'expérience d'un jour à la pratique assidue, les chemins varient mais les expériences, ponctuelles ou longues, peuvent, j'en suis convaincu, tracer une voie et faire émerger une vocation.

6.

RENCONTRE AVEC LE MAÎTRE

« LES GENS ME DEMANDENT la signification du *shugendō*, et je réponds que c'est une philosophie qui consiste à se replonger dans la nature et à réfléchir à ce que l'on y ressent. D'abord ressentir. Ensuite, réfléchir. Il y a des choses qu'on ne peut pas apprendre sans se mettre en situation. C'est pourquoi je ne l'explique pas. Je ne parle pratiquement pas pendant l'entraînement au *shugyō*. On n'apprend rien avec les *yamabushi*. C'est la nature qui enseigne. Le rôle d'un *yamabushi* est simplement de relier les gens et la nature. » Ces propos sont ceux de Fumihiro Hoshino dans son livre paru en japonais mais dont le titre se traduit en français par *Vivez comme vous le sentez, La voie de celui qui couche dans la montagne.*

Je repense à cela, assis dans le Shinkansen pour Nagoya, où je rejoins mon ami Taka. Ensemble, nous allons participer à un pèlerinage sur les hauteurs de Nagoya, guidé par maître Hoshino. Je vais enfin rencontrer ce personnage, maître du *shugendō* et chaman de tradition shintoïste – tant de personnes m'en ont parlé qu'il me tarde de le voir en vrai ! Au début, j'étais sceptique :

le personnage semblait trop parfait avec ses airs de vieux sage à barbe blanche et son expression impassible – comme on dit, l'habit ne fait pas le moine. Je me réjouis donc d'avoir l'occasion de me faire ma propre opinion.

Le pèlerinage aura lieu sur le mont Horaiji avec un groupe de *shugendō* local dirigé par la pétillante Kiyono Watanabe, une disciple de maître Hoshino. En plus d'avoir publié un livre avec lui, elle est une habile femme d'affaires et une *coach* holistique réputée. Grâce à Taka, qui me sert d'interprète, je suis autorisé à me joindre à cet événement *a priori* réservé aux Japonais. Dans ce pays, il est essentiel d'être recommandé personnellement : beaucoup de portes ne s'ouvrent que si quelqu'un se porte garant de votre intégrité et de vos intentions. Et dans le cas d'un *gaijin* (étranger), également de sa bonne conduite et de sa connaissance de l'étiquette japonaise.

C'est donc plein de reconnaissance et d'enthousiasme que je salue Taka à la gare de Nagoya, où il m'attend avec sa voiture. Pour lui aussi, les jours à venir vont constituer une bouffée d'oxygène, une parenthèse dans ses obligations professionnelles et familiales. Taka et moi nous sommes rencontrés il y a six ans au temple du mont Kōya. Lors d'une randonnée, souffrant du talon d'Achille, j'avais fait appel à un praticien de *shiatsu*, qui m'a soulagé et avec qui j'ai sympathisé. C'était Taka. Unis par un intérêt commun pour les spiritualités nippones, Taka et moi sommes restés en contact, et nous nous sommes revus à plusieurs occasions au Japon et en Europe. Je ne pouvais donc espérer meilleur compagnon de route…

Arrivés au pied du Horaiji à la tombée de la nuit, nous nous offrons, dans une auberge, une chambre traditionnelle avec ses futons sur tatami, et un copieux repas. Étant les seuls clients de l'établissement, nous sommes dorlotés par les propriétaires, un couple de personnes âgées. Il est loin le temps où l'endroit était un haut lieu de pèlerinage !

Pendant l'époque Edo, les usagers du Tokaido, l'ancienne voie reliant la capitale et Kyōto, passaient par la ville de Toyohashi, aujourd'hui dans la préfecture d'Aichi ; de là, certains effectuaient le pèlerinage au Horaiji tout proche. Un temple affilié à la secte Shingon y fut fondé, dans la vallée de Yuya, en 702 de notre ère, à l'endroit où, selon la légende, le moine mystique Rishu aurait découvert une source chaude. L'empereur Mommu étant malade, Rishu, qui était aussi guérisseur, fut appelé à la rescousse. Transporté jusqu'au palais impérial par un phénix, il pria dix-sept jours et dix-sept nuits jusqu'au rétablissement de l'empereur. En remerciement, le temple du Horaiji (« temple du phénix qui approche ») fut édifié. Ce temple n'est cependant pas l'unique bâtisse visitée par les pèlerins. Le sanctuaire shintoïste Toshogu fut érigé plus récemment à une courte distance. On y vénère le *shogun* Ieyasu Tokugawa, qui fut à l'origine du gouvernement d'Edo et serait né après que ses parents, longtemps restés sans enfants, ont prié au temple du Horaiji...

La journée du lendemain commence tôt en compagnie d'une trentaine de pratiquants guidés par maître Hoshino. Le vénérable *yamabushi* est arrivé de Yamagata.

Je fais d'abord la connaissance de Kiyono Watanabe, qui l'accompagne. C'est une femme dynamique d'une quarantaine d'années ; elle me livrera qu'elle a commencé sa carrière professionnelle en tant que secrétaire d'un chef de service, avant de poursuivre comme coordinatrice pour une agence de recrutement et rédactrice d'un magazine. Aujourd'hui, elle est consultante et formatrice en entreprise. Je suis bien évidemment curieux de savoir par quel biais une telle femme s'est intéressée au monde masculin et démodé des *yamabushi*, mais il est temps pour Taka et moi de rejoindre les pèlerins rassemblés devant l'auberge sous un beau soleil. C'est un groupe mixte comptant une majorité de femmes, de 30 à 60 ans. Je suis, comme à mon habitude, le seul étranger. Tout le monde porte une tunique blanche et le foulard blanc typique des *yamabushi* du Dewa Sanzan. Un foulard noué autour de la tête et dit « aux oreilles de lapin » : ses bouts rappellent en effet les oreilles du léporidé. Tout le monde reçoit un bâton et un *bento* contenant des boulettes de riz.

Maître Hoshino fait son entrée. Avec sa barbe blanche et son visage de vieux sage, il a fière allure. Son pas est svelte, et il ne procure pas l'impression d'avoir 77 ans – plutôt une vingtaine en moins. Il donne toutes ses instructions maintenant, connu pour ne guère parler au cours du pèlerinage, fidèle à sa philosophie : ressentir plutôt qu'expliquer.

L'ascension commence, en file indienne, maître Hoshino en tête, soufflant dans sa conque, pour annoncer l'arrivée de notre groupe aux esprits de la montagne. Mille cinq cents marches en pierre restent à gravir jusqu'au temple, qui se situe à mi-pente. Nous avançons en silence, mais le souffle se fait lourd chez quelques participants, qui n'ont manifestement pas l'habitude du relief.

Des statues marquent l'emplacement d'un lieu de prière – il y en a une dizaine sur le chemin. Maître Hoshino y pratique le *shinbutsu shugo*, mélange de shintoïsme et de bouddhisme qui remonte à l'Antiquité. Avec la restauration Meiji et le choix de l'occidentalisation, le Japon a érigé le shintoïsme en religion d'État, interdisant les syncrétismes et le *shugendō*. Malgré ça, maître Hoshino guide les pratiquants selon une méthode originale qui valorise ces anciennes coutumes. Il entame ainsi une prière de gratitude pour purifier le corps et l'âme suivie de *norito* (chants shintoïstes louant les hauteurs et les dieux) et de la récitation du *Sūtra du Cœur*.

Après une heure d'ascension ponctuée de prières, nous accédons finalement au temple du Horaiji. Il s'élève à un endroit propice, en contrebas d'une falaise à laquelle accéder est ardu. Il se dit que le moine Rishu y parvenait plus simplement : il survolait les cimes en lévitant, sans cesser de jouer de la flûte… Le récit des visites de ce prêtre aux pouvoirs surnaturels a attiré tant de gens que les habitants ont ouvert des auberges dans les environs et des bains publics sur place – l'activité se poursuit encore aujourd'hui.

Dédié à Yakushi-Nyorai, le bouddha de la Guérison, le temple a accueilli de nombreux pèlerins au cours de la période Edo. Et aujourd'hui encore, il attire les pèlerins à 695 mètres d'altitude. Le bonze local nous ouvre les portes de la salle principale, habituellement fermée aux visiteurs. Nous y entrons pieds nus, l'un après l'autre, pour nous agenouiller devant l'autel. De ma position au dernier rang, j'observe l'ensemble du groupe qui s'est rassemblé aujourd'hui et qui me semble représentatif de la société nippone. Maître Hoshino réussit assez bien à rendre le *shugendō* plus accessible. Pour cela, en dehors de la saison estivale propice aux pèlerinages, il parcourt le pays pour prononcer des conférences et organiser des retraites à destination du grand public. Il a amélioré l'image que les gens avaient des *yamabushi* et du *shugendō*. En cela, il est novateur et précieux.

L'ascension reprend le long d'un sentier rocailleux qui contourne la falaise de Horaiji. Après quelques minutes, maître Hoshino s'arrête devant un éboulement : un roc a dévalé la pente et s'est arrêté là, formant sous lui une grotte. Nous nous y faufilons. Dans la pénombre, nous devinons des statues de *jizō*, la divinité protectrice des voyageurs et des enfants, et prions avant de poursuivre.

Arrivé au sommet après une autre demi-heure d'ascension silencieuse à travers la forêt, maître Hoshino nous fait prendre place sur une crête exposée au vent. Face au vaste panorama, chacun médite – personnellement, je pense à mes ancêtres, à mes grands-parents notamment, sans lesquels je ne serais pas là, et desquels pourtant j'ignore presque tout. Quels étaient leurs rêves, leurs peurs, leurs difficultés ? Ils vivent en moi et, à cet instant, pour la première fois, il me semble communier avec eux.

Nous redescendons, toujours en silence. Un dernier rituel nous attend tout en bas, celui du feu. Un assistant a préparé un bûcher : chacun va devoir sauter par-dessus afin de se purifier. L'épreuve n'est pas redoutable, les flammes ne dépassant pas 50 centimètres de hauteur. C'est une expérience symbolique. Chacun est appelé à tour de rôle ; certains font des sauts impressionnants, d'autres n'osent pas s'approcher et contournent le feu... Quand j'entends prononcer mon nom, je m'élance à mon tour : un saut me permet de venir sans peine à bout de l'épreuve – il s'agit en fait d'une version allégée de la marche sur les braises pieds nus que n'effectuent que les *yamabushi* aguerris...

Le pèlerinage se conclut de manière festive par un dîner avec maître Hoshino. Pendant que chaque participant partage son expérience, j'en profite pour questionner Kiyono – Taka se charge de la traduction :

— J'ai été indépendante pendant vingt et un ans, dit-elle. J'ai exercé des métiers très divers, mais mon but a toujours été le même : faire prendre conscience aux gens de leur potentiel et vivre d'une manière qui me donne entière satisfaction. Je reste persuadée que chaque personne est unique et possède son propre potentiel. J'ai exploré ce qui est nécessaire pour y parvenir en mettant immédiatement en œuvre ce que j'ai remarqué dans mon travail et en apprenant de nouvelles choses. Le *shugendō* et les pratiques bouddhistes en font partie.

— Justement, quand avez-vous rencontré des *yamabushi* pour la première fois ?

— En 2017. Le point de départ était simple : j'ai vu l'une de mes amies télécharger sur les réseaux sociaux une photo d'elle pratiquant des ascèses…

— Et vous avez pensé que c'est ce que vous deviez faire ?

— Oui, immédiatement. Pourtant, à l'époque, j'ignorais tout du *shugendō*, et n'ai pas cherché à l'étudier. Mais j'espérais vivre une expérience nouvelle ; c'est maître Hoshino qui a organisé la retraite. Mon premier entraînement s'est déroulé par mauvais temps, à l'approche d'un typhon… Ça a provoqué un changement dans ma vie : j'ai décidé de devenir moi-même une *yamabushi* par le biais d'une formation effectuée au Dewa Sanzan. Cette expérience a eu un impact très important sur moi.

— Sur votre vie, sur votre travail ? demandé-je.

— Avant de devenir *yamabushi*, je rencontrais grâce à mon travail beaucoup d'hommes d'affaires, et j'écoutais leurs préoccupations. Je m'interrogeais sur eux : “Pourquoi ne se fiaient-ils qu'aux théories et aux faits scientifiques sans écouter les réponses qui se trouvaient en eux ?”

— Vous les pensiez inaptes au bonheur ?

— D'une certaine manière, oui. En agissant de la sorte, nous ne trouvons jamais le bonheur. Pour avoir confiance en ce que nous ressentons et vivre pleinement, penser avec la raison n'est pas suffisant.

— Ce que vous voulez dire, suggéré-je en essayant de deviner sa pensée, c'est que nous devons utiliser la sagesse de notre corps pour nous connecter à notre propre essence.

— Il y a de ça. C'est pourquoi j'ai exploré le domaine de la psychologie somatique en pratiquant la méditation de pleine conscience et en travaillant sur le mouvement. Mais la pratique du *shugendō* m'a fait progresser de manière considérable. Me trouver en nature et sentir mon corps et mon esprit en harmonie était une expérience novatrice pour moi.

— Et *quid* de vos hommes d'affaires, alors ?

— Je me suis dit : "C'est ce dont ils ont besoin !" J'en ai immédiatement parlé à maître Hoshino, et nous avons donc travaillé à la rédaction d'un livre. Nous lui avons donné pour titre *Reconquérir le pouvoir de la nature sauvage*. Il traite de l'importance de renouer avec son corps pour retrouver la sagesse perdue à cause de la technologie et d'autres avancées sociales. Il traite aussi, sous la forme d'un dialogue, de la nécessité de vivre avec une intelligence qui transcende le monde des théories et des mots. Nous avons appelé ça "l'intelligence du ressenti".

— C'est vrai que la société moderne nous apporte de plus en plus de confort. Mais c'est une bonne chose, non ? dis-je avec l'envie de la faire réagir.

— Oui mais, d'un autre côté, je pense qu'il est de plus en plus difficile de se sentir "vivant". Nous devenons des personnes seulement guidées par le savoir, qui ignorent l'expérience et pensent que nous pouvons comprendre n'importe quoi par une simple recherche sur Internet ou sans avoir à en faire l'expérience directe. En japonais, on appelle ça « avoir la tête dans le sable ».

— “Avoir la tête dans le sable” ?

— En effet. D'autre part, selon des études de psychologie, le bonheur ne peut pas être apporté par le seul progrès technologique. Ce que nous éprouvons par nos cinq sens en compagnie des autres ainsi que l'humilité ressentie au contact de la nature sont pourvoyeurs de joie et nous aident à trouver un sens à la vie.

— Le *shugendō* utilise justement le corps pour éprouver un sentiment d'émerveillement face à la nature...

— En effet. Afin de réaliser les souhaits et les joies fondamentales de l'être humain, non pas en partant de la tête mais de l'âme, je crois que cette pratique peut grandement nous aider.

J'ai un magnifique souvenir de ce dîner, à l'issue duquel maître Hoshino s'est levé pour entamer une danse à laquelle tout le monde s'est joint spontanément. C'est l'image qui me reste de cette journée : la vitalité d'un maître septuagénaire.

7.

OÙ LES DIEUX DESCENDIRENT SUR TERRE

LE TRAJET EN VOITURE de Nagoya jusqu'aux monts Ōmine à côté d'un Taka silencieux est l'occasion de réfléchir à mon voyage, qui arrive à son mitan. Quelle raison me porte à la rencontre des *yamabushi* ? Sans doute la curiosité qui est la mienne depuis l'enfance et qui m'a conduit à étudier plantes, animaux et fossiles jusqu'à travailler au Muséum d'histoire naturelle de Luxembourg... Mais elle n'est pas la seule raison, et même pas la principale.

Si des hommes se soumettent à des pratiques aussi éprouvantes que le *shugendō* depuis plus d'un millénaire, il y a une bonne raison. Mais force est de constater que cette raison ne s'explique pas scientifiquement ou rationnellement. Dans son livre *The Awakened Brain, The psychology of spirituality and our search for meaning*, qui repose sur de récentes avancées en neuropsychologie, Lisa Miller émet l'hypothèse que l'être humain a un potentiel d'expression spirituelle inné : « Hindous, juifs, musulmans, catholiques, chrétiens, spirituels mais non-religieux, nous employons tous les mêmes circuits neuronaux, car nous percevons une relation transcendante.

En d'autres termes, notre capacité à vivre une existence spirituelle est ancrée dans notre cerveau : "Nous sommes tous des êtres spirituels naturels." » Ma quête est donc un retour vers cet état initial, pourrait-on dire.

Pendant des millénaires, les spiritualités comme les pratiques chamaniques ont eu un rôle fondamental en apportant réconfort et bien-être émotionnel. La modernité a mis de côté la foi ; dans nos sociétés de plus en plus laïques, la perception de la spiritualité a été modifiée. Si foi et spiritualité vont de pair pour certains d'entre nous, se sentir spirituellement vivant peut également être suscité par des actes d'empathie, par la méditation, par une randonnée en forêt ou simplement par le fait de participer au repas familial de Noël. Les recherches indiquent d'ailleurs qu'une pratique spirituelle régulière peut réduire la dépression et l'anxiété. Il semblerait même que les personnes dépressives ou anxieuses aient davantage la capacité d'exprimer leur conscience spirituelle. Dépression et spiritualité seraient-elles les deux faces d'une même médaille ?

Ce constat m'interpelle. J'ai souvent pu constater que la pratique prend racine dans une souffrance, qui naît d'un vide ou d'une absence de conscience et de sens. Ce vide, la pratique spirituelle peut le combler. J'ai moi-même fait l'expérience du vide dans ma jeunesse ; je l'ai apprivoisé au terme de nombreuses années en poursuivant une quête spirituelle indépendante de tout dogme. Cette voie résolument personnelle, conquise par le biais d'efforts et de sacrifices, est pourvoyeuse de sens ; c'est ce chemin qui m'a conduit au Japon, où j'ai découvert le *shugendō*, la voie de la force spirituelle à travers la pratique.

Ma curiosité tourne autour de la question : les *yamabushi* ont-ils une quelconque forme de sagesse à transmettre ? Et, si tel est le cas, quel serait leur message ? Ce raisonnement mène à une impasse. Mon esprit d'Occidental est habitué à chercher des résultats, mais les maîtres orientaux n'ont jamais de réponse toute faite. « Si tu vois le Bouddha, tue le Bouddha », disent-ils. Ce bon mot, bien connu des bouddhistes, illustre le concept selon lequel il n'y a pas de solution passe-partout, pas de mentor ayant inventé la recette miracle. Ce voyage m'apportera donc davantage d'expériences que de réponses. Je n'en verrai les bienfaits que plus tard, chaque expérience ayant le potentiel de nous transformer dans la direction vers laquelle nous pointons le regard. La nature, encore, impose son rythme : le printemps n'arrive jamais d'un coup – des changements subtils et entrecoupés de refroidissements l'annoncent.

Au terme de quatre heures de route, Taka et moi atteignons le cœur d'une vallée verdoyante et encaissée. C'est là, près d'un torrent, que se niche la station thermale de Dorogawa. Ce lieu prisé pour ses eaux chaudes et d'une grande pureté est encore méconnu des touristes étrangers, m'indique Taka. Lui et moi passerons la nuit dans une auberge traditionnelle située dans la rue principale. C'est là que nous rencontrerons notre guide pour l'ascension de l'Ōmine, ou plutôt du sommet Sanjogatake – Ōmine désignant le massif qui s'étend telle une colonne vertébrale de Yoshino jusqu'à la région de Kumano, au centre de la péninsule de Kii. Les monts Ōmine représentent le Graal des *yamabushi* : c'est ici que le fondateur légendaire En-no-Gyōja aurait reçu ses pouvoirs surnaturels de la divinité Zaō-gongen. En conséquence, l'Ōmine-Okugake, le pèlerinage menant de Yoshino à Kumano, reste de nos jours une épreuve des plus fédératrice pour les *yamabushi*. D'ailleurs, dans leur cosmologie, toute la région rappelle un mandala (une représentation symbolique de l'univers). Une partie de l'enseignement dérivé du bouddhisme Shingon est encodée dans deux mandalas peints : l'un représente le royaume de Vajra (Kongo-kai) et l'autre celui de Garbha (Taizo-kai), tous deux merveilleusement détaillés. En sanskrit, *vajra* signifie « diamant » (comme la pointe d'une foreuse ou un outil de coupe) et *garbha* signifie « utérus ». Les *yamabushi* ont ainsi projeté ces royaumes symboliques sur le paysage des monts Ōmine. La cime du Kinpu, à Yoshino, correspond au centre du royaume du diamant tandis que le sanctuaire Hongu, à Kumano, correspond au centre du royaume de l'utérus. Sanjogatake, le sommet que nous nous apprêtons à escalader, se situe à l'intersection des deux royaumes, une place centrale dans le mandala. Un lieu incontournable pour les *yamabushi*.

Notre guide nous attend déjà à l'auberge. C'est un moine d'une soixantaine d'années, trapu avec un visage rond porteur d'une certaine bonhomie. Le dîner est l'occasion de faire connaissance :

— Je m'appelle Takagi Sendatsu, dit-il, tout excité à l'idée de transmettre son savoir à des laïcs intéressés, dont l'un est de surcroît étranger. Je vis à Kōbe. J'y suis moine de la secte Shingon.

— Vous êtes affilié à un temple ? demandé-je.

— Non. De même, je suis célibataire.

— En tant que moine de la secte Shingon, vous auriez pourtant parfaitement le droit de vous marier, n'est-ce pas ?

— Tout à fait, mais je suis un électron libre.

— Dans quels temples priez-vous ?

— Je fréquente à Yoshino le temple du Kinpusen-ji, haut lieu du *shugendō*, ainsi que les temples Shingon du mont Kōya.

— C'est là que nous nous sommes rencontrés, intervient Taka en m'expliquant que Takagi, en tant que maître *yamabushi*, guide les novices.

— Je leur enseigne les pratiques, explique l'intéressé. Dans le *shugendō*, la transmission est orale : tout repose sur la pratique, à l'opposé d'autres courants bouddhistes qui préconisent l'étude des textes sacrés.

Le titre de *sendatsu* signifie « guide » et désigne une catégorie de *yamabushi* habilitée à conduire des groupes. Fidèle aux apparences, Takagi est amateur de bonne chère et de bon vin de riz. Nous prenons ainsi part à un véritable festin, à l'auberge, la soirée s'achevant même dans les thermes de l'établissement, un rituel très nippon comme mes compagnons ne manquent pas de le souligner. La nudité dans le bain contribue, il est vrai, à gommer les différences d'origine et de statut social

– cela me paraît être la meilleure façon de faire connaissance avant le pèlerinage du lendemain.

Nous nous levons à 6 heures pour prendre un petit-déjeuner copieux. La première étape débute dans le village de Dorogawa. Au temple du Ryusen-ji, fondé selon la légende par En-no-Gyōja en personne, une source sacrée alimente un étang dans lequel on se purifie lors des cérémonies. Les statues et les images de dragons et de serpents y rappellent la légende selon laquelle un homme a vécu là aux côtés d'une femme avec qui il a eu un enfant avant de découvrir qu'elle était en vérité un serpent. Honteuse, elle lui a confié la garde de l'enfant et s'est retirée dans l'étang en lui demandant simplement de sonner la cloche le matin et le soir pour l'aider à supporter le temps qui passe. La cloche du temple est encore sonnée quotidiennement. Et l'eau sortant de la bouche d'une fontaine-dragon, c'est aux serpents et dragons protecteurs que nous adressons nos prières afin de mettre notre pèlerinage sous leur protection.

L'ascension des monts Ōmine est relatée dans de nombreuses sources historiques et académiques. On en trouve trace sous la plume des Jésuites. Ainsi, le père Luis Fróis décrivit en 1583 dans une lettre les « rituels effroyables » poursuivis dans les hauteurs au sud d'Ōsaka – en fait, les monts Ōmine). Il tenait ses informations de *yamabushi* convertis au christianisme et donc libérés de leur devoir de réserve. Des « rituels effroyables » car, en raison des mystères qui les entouraient, les *yamabushi* étaient comparés à des sorciers inspirant crainte et respect.

C'est avec un regard tout autre que, dans les années 1960, les écrivains et les artistes de la Beat Generation se sont intéressés aux spiritualités orientales. Jack Kerouac composa des haïkus, mais c'est le poète et militant anarchiste Gary Snyder qui a été l'un des principaux acteurs de la propagation du bouddhisme zen aux États-Unis. En 1968, accompagné de deux amis, il a parcouru en cinq jours les monts Ōmine, de Yoshino à Kumano, et en a publié le compte-rendu. Depuis, beaucoup de choses ont changé ; si, à l'époque de Gary Snyder, les hauteurs d'Ōmine étaient presque exclusivement fréquentées par des *yamabushi* masculins, randonneurs et touristes des deux sexes fréquentent de nos jours les lieux. Cela n'enlève rien à la force d'attraction de ces endroits qui restent des terrains d'entraînement : rituels et parcours du *shugendō* sont décrits en détail par Sylvain Guintard dans son livre *Shugendō, Les mystérieux moines bouddhistes des montagnes*, riche d'une longue pratique. En outre, la région d'Ōmine est traversée par un tronçon du sentier Ōmine/Okugake, qui s'étend sur quelque 100 kilomètres. Le chemin, qui fait partie des sites sacrés et des voies de pèlerinage de Kii, a été inscrit au patrimoine culturel mondial de l'UNESCO en 2004, ce qui a attiré l'attention des pouvoirs publics et des visiteurs, et a permis de valoriser le *shugendō*.

Après avoir franchi le pont, nous pénétrons dans ce qu'il faudrait appeler « le royaume de la montagne ». Un portail en marque l'entrée, proscrite aux femmes. Nous grimpons pendant trois heures, à allure constante, à travers une belle forêt ponctuée d'érables palmés. Le sol meuble du sentier est tapissé de leurs feuilles colorées. Pour nous encourager, Takagi entame un chant rituel ; Taka lui faisant écho :

— *Zange, zange ! Rokkonshōjo !* Repentance, repentance ! Purification des six racines de la perception.

— Cette dernière expression, m'explique Taka, fait référence aux yeux, aux oreilles, au nez, à la langue, au corps et à l'esprit.

Galvanisés par le chant, qui se répète au rythme de la marche, nous rejoignons le sentier qui arrive de Yoshino. L'endroit s'appelle Jōshin-no-mon, on peut s'y restaurer à la saison des pèlerinages (de mai à septembre). Actuellement, il n'y a personne d'autre que nous qui, devant la statue de Fudō Myō-ō, récitons l'incantation qui lui est dédiée : *Nomaku sanmanda bazaradan senda makaroshada sowataya un tarata kanman.*

Nous atteignons bien vite le pied d'une falaise d'environ 10 mètres.

— Cet endroit s'appelle Kanekaki Ishi (“le rocher de la cloche”), annonce Takagi.

— Il faut l'escalader ? demande aussitôt Taka.

Takagi opine, le visage grave. Le bonhomme jovial avec qui je me suis baigné hier, et avec qui j'ai festoyé en riant nous intime désormais de nous taire et de lui obéir. En montagne, c'est lui le maître, et il porte la responsabilité de notre sécurité !

Et en effet, le passage d'escalade, s'il n'a rien d'impossible, n'est pas sans danger. Un dévers doit être franchi à l'aide d'une chaîne métallique, qui pend dans le vide. Takagi s'y engage le premier en nous ordonnant de l'observer attentivement et de l'imiter dans ses moindres pas. Pour les premiers mètres, il s'aide des mains avant de rejoindre le surplomb. Là, il doit effectuer un pas croisé pour avancer de côté à la façon d'un crabe tout en tenant la chaîne métallique pour finalement se hisser sur le rocher. Une fois que nous l'avons rejoint, Takagi nous explique le bien-fondé de ce genre d'épreuves :

— Pendant que vous vous concentrez sur vos gestes en essayant de franchir cet obstacle, votre esprit ne peut penser à autre chose. Vous ne pensez ni à l'argent, ni à la boisson, ni au sexe, ni à une autre distraction. Cela ne dure parfois qu'une infime seconde, mais vous faites l'expérience d'un esprit vide.

— Vide ? demandé-je.

— Oui, vide donc libre ! C'est cet état d'esprit qu'il faut adopter. Le *yamabushi* doit s'en rendre compte et y travailler quotidiennement.

Cette première épreuve passée, nous reprenons la marche en admirant le majestueux panorama qui s'étend à nos pieds, avec le village de Dorogawa, minuscule au fond de la vallée. Nous continuons jusqu'au « rocher de la tortue », Okame-ishi. La légende rapporte que la mère d'En-no-Gyōja se transforma en tortue pour lui rendre visite sur la cime, interdite aux femmes. Le roc est lisse comme une carapace. Ici, point d'escalade, c'est un lieu de prière, d'ailleurs protégé par un enclos. Et la coutume veut qu'on se tienne à côté aussi silencieusement que possible.

Un autre endroit emblématique nous attend à quelque distance. C'est un promontoire rocheux du nom de Nishi-no-nozoki (« le rocher de la pendaison par les pieds à l'ouest »), qui surplombe de quelques centaines de mètres le fond de la vallée. C'est là que les pèlerins néophytes sont attachés suspendus dans le vide, pieds attachés retenus par une corde et les mains jointes en signe de prière. Ils doivent alors avouer leurs éventuels péchés. Ceux qui ne répondent pas de manière satisfaisante sont jetés dans le vide, c'est du moins ce qui se passait au Moyen Âge, paraît-il. De nos jours, les *yamabushi* qui maintiennent la corde la relâchent un court instant, donnant l'impression au pratiquant de chuter… Cette pratique a pour but de « se libérer du corps en tant qu'enveloppe charnelle » et d'accéder à un état de conscience pur après avoir entrevu la mort. Vu le vertige qui m'affecte, j'exclus catégoriquement de m'y livrer un jour, et tant pis pour la pureté de l'esprit !

Le chemin continue, parsemé de roches et de racines glissantes, nécessitant une attention constante : là aussi, nulle place pour les pensées superflues. Nous rejoignons ainsi Myogaku-mon, le dernier portail avant la zone sacrée sommitale. On y trouve différents bâtiments en bois typiques des temples nippons, fermés pour l'hiver. Ce sont les dortoirs qui, à la belle saison, abritent les pèlerins affiliés aux temples qui administrent les monts Ōmine. Sur le chemin se trouve le temple d'Ōminesan-ji, le plus sacré du *shugendō* d'Ōmine. Nous nous arrêtons devant sa porte close et récitons les formules magiques et prières habituelles. Puis reste à finir l'ascension jusqu'au rocher qui marque l'endroit exact où En-no-Gyōja a rencontré la divinité Zaō-gongen. Hormis des pins courbés par le vent et au tronc fendu par la foudre, le sommet – un simple plateau – est couvert d'une végétation rasante composée de *kumazasa*, « le bambou nain de l'ours », ce qui laisse une vue dégagée vers les quatre points cardinaux. Nous nous rapprochons de la falaise d'où, dans l'ancien temps, on jetait les pratiquants blessés ou malades : on pensait qu'ils avaient péché et renaîtraient une fois arrivés en bas...

Taka, Takagi et moi restons de longues minutes en silence, chacun absorbé dans ses pensées. Les miennes volent vers l'horizon, vaste et solitaire : la connaissance de soi commence pour chacun à sa naissance mais s'appuie sur l'expérience de ceux qui nous ont précédés. Il n'en reste pas moins que cette expérience, il faut la vivre soi-même. C'est le mythe de Sisyphe au niveau collectif. Et, contemplant le paysage, je note les mots qui me viennent à l'esprit :

La connaissance du monde
Est une montagne intergénérationnelle
À laquelle chacun, heureux comme Sisyphe
Apporte sa pierre sculptée
Ce qui de prime abord semble une entreprise insensée.
Mais la lente érosion de la mémoire du passé
Nécessite
Qu'on reconstruise
Caillou après caillou après caillou
Le massif de la mémoire métamorphique

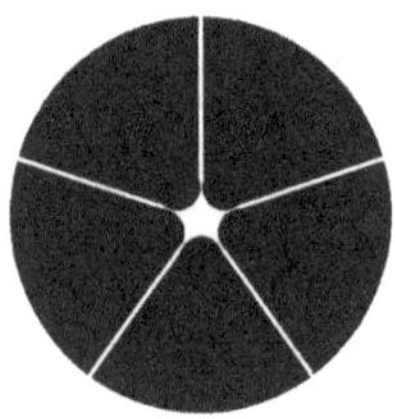

8.

LE MOINE ET LE LOTUS

MON EXPÉRIENCE sur les monts Ōmine s'est achevée, mais le moment n'est pas venu de prendre congé de Taka. J'ai accepté avec plaisir son invitation à passer quelques jours chez lui, sur le mont Kōya.

Le Kōya, voilà un lieu mythique ! C'est la montagne sacrée du bouddhisme japonais – plus précisément du bouddhisme Shingon. La doctrine de ce dernier fut élaborée par un des personnages les plus éclectiques de l'histoire de l'archipel, le moine Kūkai (774-835), connu sous le nom de Kōbō Daishi. Génie universel, Kūkai fut calligraphe, philosophe, poète et même ingénieur. Il est né au sein d'une famille aristocratique qui fonda son éducation sur les valeurs confucéennes. Enfant puis adolescent précoce, il étudia le bouddhisme et se rendit en Chine en 804 afin d'approfondir ses connaissances. À Chang'an, capitale de la dynastie des Tang, il rencontra le maître du bouddhisme ésotérique Hui-kuo (746-805) et devint son disciple le plus fidèle. Le bouddhisme ésotérique stipule que seuls les initiés, qui ont renoncé à la vie mondaine et résident dans un monastère, peuvent atteindre l'Éveil.

De retour au Japon, Kūkai fut chargé par l'empereur de promouvoir les doctrines rapportées de Chine. Kūkai mit avant tout en pratique les enseignements appris et mena une vie d'ascète en montagne. Il fut ainsi à l'origine du célèbre pèlerinage des 88 temples de l'île de Shikoku, qui attire les pèlerins du monde entier. Sa sensibilité extraordinaire trouva son expression dans des poèmes comme celui-ci, contenu dans l'anthologie *Seirei Shu* :

L'eau de la vallée – une tasse le matin entretient la vie ;
La brume de la montagne – une bouffée le soir nourrit l'âme.
La mousse suspendue, les herbes délicates suffisent à vêtir mon corps ;
Les feuilles de rose, l'écorce de cèdre – ce seront mes draps.
La compassion du ciel étend sur moi la voûte indigo du ciel ;
La dévotion du roi dragon fait passer autour de moi des rideaux de nuages blancs.
Des oiseaux de montagne viennent parfois, chacun chantant sa propre chanson ;
Les singes des montagnes sautent agilement, faisant preuve d'une incroyable habileté.
Les fleurs de printemps, les chrysanthèmes d'automne me sourient ;
Les lunes de l'aube, les vents du matin nettoient la poussière de mon cœur.

Cité dans Donald Keene, *Seeds in the Heart* (Columbia University Press, 1999).

En 816, Kūkai lança la construction de monastères à Kōyasan, au sud d'Ōsaka, à deux journées de marche de Yoshino. Le plateau qui s'y étend, à 850 mètres d'altitude, est entouré de huit sommets, comme les huit pétales du lotus, au centre desquels se dresse la grande pagode du Daitō. Le bouddhisme Shingon qui y est pratiqué affirme qu'un individu peut atteindre l'illumination au cours de sa vie, avant sa propre mort. On y parvient par la méditation dans diverses postures ainsi que par la prière et la répétition de gestes sacrés et de formules magiques.

S'il faut évoquer le bouddhisme Shingon, c'est parce qu'il a eu une influence déterminante sur la doctrine du *shugendō*, notamment les rituels. Le Kōya n'a jamais été un pôle du *shugendō*, mais des moines Shingon ont été et demeurent des *yamabushi*. Il existe ainsi de nombreux liens entre le Kōya et les monts Ōmine, qui ne devinrent un centre de pèlerinage que sous l'influence du moine Shobo (832-909). Ce dernier avait étudié sur le Kōya avant de fonder l'école Shingon Ono-Ryu et de structurer les rites du *shugendō*. Il réaménagea notamment les sentiers empruntés par En-no-Gyōja, et éleva le Kinpusen-ji au rang de temple principal du *shugendō*.

C'est également par l'entremise des moines du Kōyasan que Taka découvrit le *shugendō*.

— Par curiosité, j'ai participé au pèlerinage des monts Ōmine en compagnie d'amis moines. Ce fut une expérience rude.

— C'est-à-dire ? Tu étais en mauvaise condition physique ?

— Oui, j'ai songé à abandonner mais j'ai persévéré. Finalement, j'ai eu l'impression de ressentir et d'apprendre quelque chose d'important.

— Et c'est à la suite de ça que tu as emménagé sur le Kōya ?

— C'était en 2009, à la suite d'un emploi obtenu là par ma femme. Moi, en tant que praticien de *shiatsu*, j'ai vite trouvé une clientèle parmi les moines à demeure et les touristes de passage. Avec le temps, je me suis de plus en plus intéressé au bouddhisme, j'ai appris que la méditation est un outil puissant pour survivre dans ce monde fou.

— Tu partages tes connaissances et ton expérience sur le Kōyasan ?

— Aujourd'hui, je suis devenu un moine laïc, c'est-à-dire un religieux qui ne vit pas au temple mais qui le fréquente régulièrement pour les cérémonies. J'y ai appris notamment la récitation des formules magiques et des prières, comme le célèbre *Sūtra du Cœur*, que j'enseigne aux visiteurs dans le cadre de ma fondation.

— Ta fondation ? Tu ne m'as jamais parlé de ça...

— La Kōyasan Wellbeing Foundation. C'est une structure à l'origine de laquelle je suis et qui aide les touristes intéressés à approfondir leur pratique du bouddhisme.

Taka est un Japonais atypique, et c'est probablement la raison pour laquelle nous sommes devenus amis, en 2017, lors d'un séjour au Kōyasan. Avant cette rencontre, je logeais à chacun de mes passages dans un *shukubo*, l'hôtellerie pour pèlerins. Nous nous y sommes connus, et aujourd'hui je suis hébergé dans sa maison banlieusarde. Taka m'y laisse libre et file travailler dans son cabinet de *shiatsu*.

Depuis le centre de la ville de Kōyasan, que je gagne facilement, je flâne sur l'artère principale bordée de restaurants, de cafés ainsi que de boutiques aux rayons chargés de souvenirs et de babioles religieuses. Il faut dire que les rues ne désemplissent pas de groupes de retraités en pèlerinage au mausolée de Kūkai. Je passe devant le complexe de temples du Kongobu-ji, siège de la secte Shingon, dont l'origine remonte à Kūkai en personne. Et je poursuis vers les faubourgs avec une idée en tête : revoir le vaste cimetière d'Okuno-in. Après une demi-heure de marche, l'accès au cimetière s'effectue en franchissant le pont blanc nommé Ichinohashi. Se poursuivant par un chemin empierré, il sépare le monde des hommes de la forêt mystique, une luxuriante forêt de cèdres géants pluriséculaires qui poussent au milieu des tombes. Celles-ci sont souvent couvertes de mousse et de lichen, presque cachées. Ce sont les plus anciennes. Je déambule entre elles, appréciant ma solitude retrouvée après une semaine passée en compagnie.

Au centre de la forêt-cimetière, je vois des tombes récentes. Elles portent le nom de personnalités politiques ou d'hommes d'affaires. Un parfum d'herbe et de mousse très doux se diffuse dans les environs. En semaine, les touristes sont rares de ce côté, je profite donc pleinement de l'ambiance atemporelle qui règne là. Entre les arbres, l'imaginaire bouddhiste se déploie : statues de

Jizō-san et d'autres bodhisattvas comme Kannon... Et là, de minuscules pagodes en pierre en guise de stèles funéraires. Nommées *gorinto*, elles sont la représentation des cinq éléments de tradition indienne et chinoise : de bas en haut, la terre (un cube), l'eau (une sphère), le feu (une pyramide), l'air (un hémisphère) et l'éther (une goutte). On en oublie presque qu'on se trouve au milieu d'un cimetière.

Je parcours sans me presser les nombreux chemins qui s'enfoncent dans la forêt, à droite, à gauche, en haut d'un escalier à flanc de colline... Ici, pas de limite nette entre le monde des hommes et le monde des esprits de la nature. Les racines noueuses des cèdres se frayent inexorablement un chemin entre les stèles de granite qui semblent s'enfoncer dans la terre au fil des années. Je perds la notion du temps, et c'est finalement en début d'après-midi que je débouche sur le pont Gobyo, seuil ultime du mausolée de Kūkai. Au-delà, consommer des boissons ou de la nourriture et prendre des photos est interdit. C'est la partie la plus sacrée du Kōyasan, c'est là que Kūkai continuerait sa méditation... depuis sa disparition en 835. Je me découvre et m'incline en signe de respect avant de m'approcher du Toro-do, la salle des lanternes. Parmi les 10 000 lanternes offertes par les fidèles, deux restent toujours allumées. D'après la légende, l'une fut offerte par l'empereur Shirakawa, l'autre par une pauvresse qui aurait vendu ses cheveux pour payer cette offrande. C'est derrière la salle des lanternes que se trouve le mausolée de Kūkai. Deux fois par jour, les moines y offrent le repas à Kūkai en demandant au Bodhisattva Ajimi Jizō, dont la statue se trouve sur place, de goûter la nourriture.

Je ne m'attarde pas sur les lieux, très fréquentés par les croyants. On y croise également de véritables pèlerins, dont certains semblent en route depuis longtemps. Il est en effet coutume de venir en visite à la tombe de Kūkai à l'issue du pèlerinage des 88 temples de Shikoku, parcours que le saint a lui-même établi.

Il est temps pour moi de rentrer chez Taka, où je prendrai mon repas seul. Mon hôte, après quelques jours de liberté passés avec moi, a retrouvé le rythme impitoyable des journées de travail à la japonaise. Je m'estime d'autant plus chanceux d'avoir encore de nombreux jours de voyage devant moi...

9.

UNE PRIÈRE AU PAS DE COURSE

La préfecture de Shiga est une région méconnue de la plupart des touristes, mais que j'apprécie depuis mes premiers voyages dans l'archipel. Son chef-lieu, Ōtsu, se trouve sur les berges du magnifique lac Biwa, à quinze minutes de train seulement de Kyōto. Les deux villes sont séparées par un massif qui culmine au mont Hiei (848 m). « Montagne-mère du bouddhisme nippon » comme le Kōyasan, ce sommet mythique est également le gardien de Kyōto : il protège la ville des démons qui, selon la tradition, la menacent depuis le nord-est. Je ferai cependant l'ascension de l'autre versant, celui de Shiga, qui réserve des vues spectaculaires sur le lac le plus étendu du Japon. Je déambulerai sur les chemins reliant des temples éparpillés dans la forêt. Au terme de ma visite, j'espère rencontrer Endo Matsunaga, l'un des derniers moines vivants à avoir accompli le *sennichi kaihōgyō*, la déambulation des mille jours, une des épreuves ascétiques les plus dures, qui puise son origine dans le bouddhisme Tendai.

Tout débute dans la ville de Sakamoto, qui fut étroitement liée au temple d'Enryaku-ji, situé sur le Hiei.

Elle reste de nos jours un lieu de résidence pour les moines retraités ainsi que le siège administratif du temple. Elle conserve aussi nombre de *satobō*, les anciennes résidences aux murs en pierre de taille occupées jadis par les moines de haut rang. Étant attendu par ma guide-interprète, je n'ai pas le temps de visiter la ville. Je la rejoins au départ du funiculaire qui mène au sommet.

— Vous êtes Hiromi ? demandé-je, sûr de moi, avant qu'elle et moi enchaînions sur les présentations d'usage et grimpions à bord du funiculaire.

— Ce funiculaire est une véritable attraction, me dit Hiromi. En fonctionnement depuis 1927, il reste le plus long du Japon.

Nous y prenons place l'un à côté de l'autre et profitons de la montée, qui prend un quart d'heure, pour évoquer l'histoire du lieu. Elle débute en l'an 788, quand le Hiei est choisi par l'éminent moine Saichō, un contemporain de Kūkai, comme site idéal pour établir son propre temple. En 794, l'empereur Kanmu (737-806) transfère la capitale nippone de Nara à Kyōto, au nord-est de laquelle est situé le temple ; l'Enryaku-ji attire alors naturellement l'attention de la cour. Il faut dire que le nord-est étant considéré comme porteur d'énergies dangereuses, l'Enryaku-ji était susceptible de protéger des forces malignes. L'empereur en a donc fait le temple protecteur officiel de Kyōto, et l'endroit est devenu l'un des centres bouddhistes les plus importants de l'archipel. Nombre de moines fondateurs de sectes y ont été formés.

L'Enryaku-ji a même été inscrit en 1994 sur la liste du patrimoine mondial de l'UNESCO.

Le temple s'étend sur un vaste terrain au sommet et comprend trois sites principaux : le Tōdō (la pagode de l'est), le Saitō (la pagode de l'ouest) et le Yokawa, au nord. Hiromi et moi visitons d'abord le Tōdō. Ici se dresse le grand temple Konpon-chudō, qu'on qualifie de « cœur sacré du bouddhisme Tendai ». Tout comme le bouddhisme Shingon du mont Kōya, le Tendai appartient à l'école dite ésotérique et ses liens avec le *shugendō* sont multiples, nombre de *yamabushi* étant également affiliés à cette école.

Malgré sa restauration en cours, le bâtiment se visite. Je m'y souviens que l'un des enseignements du moine Saichō peut se résumer à considérer que les vraies richesses ne sont pas matérielles, et qu'il s'agit de tout ce qui « éclaire les lieux plongés dans l'obscurité ». « Éclairer les lieux plongés dans l'obscurité », voilà une injonction adressée au *yamabushi* : il doit faire de son mieux là où il se trouve, quel que soit le contexte, la situation. Saichō croyait qu'en agissant de la sorte les êtres humains pouvaient rendre le monde meilleur. Sa vision est symbolisée par le *fumetso no hoto* (« la lampe du dharma qui ne s'éteint jamais »), une flamme qui brûle éternellement dans le temple où nous nous trouvons depuis sa fondation il y a plus de douze siècles. Impressionnés, nous nous agenouillons pour une méditation en silence.

Délaissant le grand temple, nous nous lançons sur le sentier Mudojidani. Il s'agit d'un parcours d'entraînement emprunté par un type de moines très particulier : les moines du Hiei. Ces moines portent un chapeau noir en forme de feuille de lotus roulée, une tunique blanche comme celle utilisée pour vêtir les défunts et des sandales en paille tressée. Une corde épaisse ainsi qu'un glaive sont suspendus à leur taille. Ils rappellent au pratiquant l'obligation de se suicider au cas où il ne terminerait pas l'ascèse ! Il n'y a pas que leur jusqu'au-boutisme qui les rapproche des *yamabushi* : le culte de Fudō Myō-ō occupe une place centrale dans leurs rituels, la récitation de formules magiques et de prières leur est familière, de même que les longues marches en montagne, au point qu'ils ont été surnommés « moines marathoniens ».

La spécialité de ces moines, c'est le *kaihōgyō*, une déambulation de cent jours consécutifs. Chacune de leurs journées débute vers minuit, au temple du Mudō-ji, avec un service religieux d'une heure. Après une menue collation, le moine s'engage sur le sentier, qu'il va parcourir au pas de course, passant près du temple du Konponchudō, filant ensuite vers les installations de l'ouest et du nord, entamant la descente vers Sakamoto avant de revenir au Mudō-ji. En chemin, le coureur ne s'arrête pas moins de 255 fois pour prier : devant des temples ou des sanctuaires shinto, des tombes, des pierres remarquables parfois gravées de bouddhas, des sommets ou des arbres vénérables, des sources miraculeuses, des chutes d'eau et des étangs... Chaque halte s'accompagne de la répétition de gestes sacrés et de formules magiques. Sur ce parcours, le pratiquant n'a le droit de s'asseoir qu'une seule fois ; il n'est pourtant de retour au temple qu'entre 7 heures 30 et 9 heures 30 du matin, selon les conditions météorologiques et sa vitesse de progression. Il lui faut encore suivre les rituels comme les autres moines, et il n'ira se coucher qu'à 20 heures ou 21 heures...

— Cette routine est répétée sans faille pendant cent jours consécutifs, me dit Hiromi.

— Cela doit être épuisant.

— Les débuts sont difficiles : il faut deux à trois semaines pour mémoriser l'emplacement de chaque station ainsi que les gestes sacrés et les chants correspondants. Il est fréquent que l'aspirant se perde dans la nuit ou le brouillard et parcoure le double de la distance initiale. Après une semaine, des douleurs apparaissent au niveau du tendon d'Achille et des jambes, suivies de fièvres, de diarrhée ou d'hémorroïdes, et de douleurs atroces dans le bas du dos et les hanches.

— Tout cela n'est donc que souffrance, rétorqué-je.

— Pas tout à fait. Au bout d'un mois, les douleurs s'amenuisent. On dit aussi que vers le 70e jour, le moine acquiert l'attitude idoine : les yeux rivés sur les 100 mètres de chemin devant lui, allure régulière et véloce, tête relevée, dos droit mais épaules détendues...

— Dis-moi, Hiromi, j'ai vaguement entendu parler du *sennichi kaihōgyō*. De quoi s'agit-il exactement ?

— Le *sennichi kaihōgyō* ? Alors, disons que le moine qui a accompli la déambulation des cent jours peut se porter candidat pour celle des mille ! Le *sennichi kaihōgyō*, c'est l'épreuve ultime, la déambulation des mille jours.

Si la demande du moine est acceptée par le conseil des sages, sept années d'épreuves l'attendent, pendant lesquelles il va parcourir plus de 40 000 kilomètres.

— D'où le surnom de "moine marathonien"...

— 40 000 kilomètres, c'est l'équivalent d'un tour du monde.

— Et en sandales de paille de surcroît !

— Faites à la main !

— Ces moines sont des rois de la survie.

— Par la force des choses, car ils ne peuvent emporter sur eux que des bougies, un livre de prières et un sac de nourriture végétarienne, précise Hiromi avec respect.

— Comment s'organisent les sept années d'épreuve ?

— Durant les trois premières années, le pèlerin se lève à minuit cent jours d'affilée pour prier et s'adonner à une marche rapide de presque 30 kilomètres autour du Hiei.

— Et là aussi, il s'arrête souvent pour prier ?

— En effet, 255 fois. Pendant les quatrième et cinquième années, la durée des jours de pratique passe à deux cents jours d'affilée.

— Les ascèses vont-elles toujours en se durcissant ?

— Après avoir passé avec succès ces sept cents jours, l'épreuve la plus redoutable est abordée : le *dōiri*, une réclusion de neuf jours sans manger, boire ou dormir. Avant d'entamer le jeûne, un dîner officiel d'adieu, le *saijiki-gi*, est organisé auquel participent tous les dignitaires du temple : il s'agit symboliquement du dernier repas du moine marathonien, ce dernier risquant la mort.

— Ah oui, c'est sérieux... Et où tout cela se déroule-t-il ?

— Dans le temple du Myō-ō-dō, dédié à Fudō Myō-ō, encore lui. L'épreuve est accompagnée par trois récitations journalières du *Sūtra du Lotus*, d'un rituel de l'eau durant lequel le moine est autorisé à quitter le temple pour se rendre à la source toute proche, y prélever un seau d'eau et l'offrir à l'image de Fudō Myō-ō. Pendant tout le reste du temps, il demeure assis en position du lotus et récite le mantra de Fudō Myō-ō en le répétant cent mille fois. Deux autres moines le surveillent et le secouent si jamais il était sur le point de s'endormir.

Hiromi et moi visitons le temple Myō-ō-dō, plus petit que je l'imaginais, pour adresser une prière à Fudō Myō-ō. C'est ici même que les moines poursuivent l'ascèse des neuf jours. Impossible pour moi d'imaginer les souffrances endurées là ! Décidément, la voie du Bouddha vivant n'est pas à la portée de tout le monde...

— Au terme de la retraite de neuf jours, m'explique Hiromi, le moine entame sa sixième année d'épreuves avec cent jours consécutifs de marche à raison de 60 kilomètres quotidiens.

— C'est encore pire la septième année, j'imagine...

— Ce sont alors près de 85 kilomètres quotidiens qu'il enchaîne cent jours de suite.

— Deux marathons par jour ! Ces moines méritent bien leur surnom.

— Les deux dernières années constituent la pratique dédiée au bonheur des autres, par opposition aux cinq premières années de pratique pour soi-même. Le but est de développer une compassion hors du commun pour autrui.

C'est à cette fin aussi que lors des 84 kilomètres journaliers, le moine traverse la ville de Kyōto. Il bénit alors les badauds qui l'attendent le long de son parcours. Un moine marathonien à Kyōto, c'est une star !

Hiromi et moi visitons encore le site des temples de l'ouest. Nous descendons dans une paisible forêt de cèdres jusqu'au Jōdo-in, temple qui s'apparente à un mausolée et est considéré comme l'endroit le plus sacré : c'est ici qu'on vénère l'âme du fondateur Saichō. Pour ce faire, un moine s'assure jour et nuit de la propreté des lieux, effectue les prières et rituels quotidiens et fait des offrandes de nourriture au saint défunt ! Ce moine n'est pas autorisé à quitter les lieux pendant douze ans – ce ne sont décidément pas les défis qui manquent pour les moines du Hiei...

Hiromi m'embarque ensuite dans sa voiture pour gagner les premiers reliefs et le village d'Ogi où vit aujourd'hui Endo Matsunaga, le moine marathonien vétéran, auprès de qui elle a obtenu un rendez-vous. Né à Tōkyō en 1975, ce dernier est très jeune quand il rejoint son oncle au temple d'Enryaku-ji. Il y a passé sa vie avant d'effectuer le *sennichi kaihōgyō*, le pèlerinage des mille jours entre 2003 et 2009. À l'issue de l'épreuve, il a reçu le titre de *dai ajari* (« grand maître ») qui lui confère le statut de saint vivant, à l'image de Fudō Myō-ō. D'après les premières sources écrites, remontant à 1571, Endo Matsunaga est la cinquantième personne seulement à avoir accompli la déambulation des mille jours, ce qui donne une idée de la difficulté de l'épreuve. Je me réjouis de le rencontrer.

On nous fait patienter dans le temple, et l'on nous informe qu'à l'approche du saint homme nous devrons baisser la tête et fermer les yeux. Des pas s'approchent justement puis quelqu'un nous salue en japonais d'une voix aigrelette et presque enfantine. Comprenant qu'il s'agit du maître, je ferme les yeux et incline la tête. Débute alors la cérémonie du *kaiji* ; c'est une transmission de pouvoir spéciaux. Endo Matsunaga récite ainsi ce qui s'apparente à des formules magiques en modulant sa voix – du simple murmure aux cris les plus stridents. Avec le recul, j'avoue avoir été déconcerté par l'expérience, qui dure un quart d'heure peut-être et se termine quand le moine passe devant nous, en nous touchant légèrement la tête pour nous bénir. Je me dis alors simplement que je vais enfin voir à quoi ressemble un Bouddha vivant.

Endo Matsunaga est vêtu d'une tunique beige très simple. Il est plutôt trapu mais son visage rond retient l'attention : c'est celui d'un adolescent quoiqu'il approche des 50 ans. Il nous invite à le suivre jusqu'au bâtiment principal dans lequel il entre d'un pas pressé. Le thé nous y attend sur des tatamis. Pendant que le moine nous en sert une tasse, j'ai le temps de l'observer. Malgré son apparence immature, il se dégage de lui une force incroyable, comme s'il était doué d'une capacité de concentration et d'une détermination hors normes. C'est le moment de l'interroger, par le truchement de Hiromi...

— À quel moment avez-vous choisi de vous porter candidat pour le *kaihōgyō* ?

— Jeune adulte, je suis entré en tant que novice au temple du Hiei à l'invitation de mon oncle. J'ai vite su que je voulais faire le *kaihōgyō* mais j'ai gardé cette intention secrète, et c'est bien plus tard que je l'ai rendue publique. Pendant toutes ces années, je me suis préparé mentalement à l'épreuve tout en ignorant si ma candidature serait acceptée...

— Mais qu'en est-il des souffrances, notamment physiques, que réserve le *kaihōgyō* ?

— La douleur physique est un choix, répond le moine, qui semble habitué à cette question. Chacun est responsable de ses choix et ne peut pas se plaindre ou rejeter la responsabilité sur autrui.

— Vous avez vous-même souffert. Vous avez été blessé ?

— Oui, au pied. J'ai été contraint de me rendre à l'hôpital. Mais j'ai repris la pratique immédiatement après, en ignorant les conseils du médecin.

Je regarde le moine en me disant que ses mots pourraient être ceux d'un pratiquant de sports extrêmes, d'un combattant. Aller au-delà des limites pour atteindre son but quoi qu'il arrive... Je ne partage pas nécessairement cette philosophie, étant plutôt un adepte de la voie de la modération, mais je comprends que c'est une décision individuelle. Cette question se pose aussi pour les *yamabushi* : l'ascèse hiémale de la cascade apporte son lot de pneumonies, les longues périodes de jeûne endommagent l'estomac... Ce sont des réalités dont on ne parle pas volontairement, surtout dans ces groupes encore très virils, de surcroît au pays des samouraïs et des kamikazes capables du sacrifice ultime.

— Quel est le but de cette pratique extrême ? demandé-je d'un air volontairement naïf.

— Il s'agit de prendre conscience que la vie est donnée par ce qui nous entoure, et que nous vivons en interdépendance...

— C'est un enseignement très simple.

— Le plus simple qui soit mais aussi le plus difficile à saisir. Il s'agit de vivre en étant conscient que la vie est un don. Trop de gens vivent égoïstement. Rares sont ceux qui ont conscience que la vie leur est donnée. En découvrant cela, ils ont de la gratitude pour leurs concitoyens. De la gratitude aussi envers le passé et les ancêtres.

— Et pouvez-vous dire que votre vie a changé, que vous avez tiré des leçons de cette expérience ?

— Cette question revient souvent, dit Endo Matsunaga en souriant. En fait, je ne pense pas avoir beaucoup changé. Pour moi, l'entraînement était une éducation, une sorte de passage à l'université. Il m'a préparé à la vie que je mène aujourd'hui, mais je continue d'apprendre... Par contre, je cours toujours et me prépare actuellement pour participer à un marathon.

Comme quoi, même Bouddha vivant n'est en définitive qu'un simple mortel !

Endo Matsunaga nous signifie que le temps est venu d'achever l'entrevue, trop courte à mon goût. J'aurais d'autres questions à poser, notamment sur le *sennichi kaihōgyō*, mais le temps du saint homme est précieux, et d'autres rendez-vous l'attendent. Il me faut donc prendre congé. Avant de partir, Hiromi achète deux sacs de riz cultivé par Endo Matsunaga lui-même. Comme ce dernier aime à le répéter, c'est important de participer à la vie de sa communauté : il cultive donc le riz, un riz béni des dieux et irrigué par les eaux de la montagne-mère du bouddhisme japonais…

En repensant aux différents cultes, on voit un motif commun ressortir clairement : ces pratiques ascétiques éreintantes arrachent le corps et l'esprit à la routine. Chez les *yamabushi* comme chez les moines marathoniens, le but est l'acquisition de pouvoirs spirituels extraordinaires. Si les *yamabushi* s'entraînent en suivant des rituels devenus moins extrêmes, les moines de la secte Tendai poussent cette pratique jusqu'aux limites de l'endurance, au point qu'ils ont suscité l'intérêt d'athlètes qui s'intéressent aux facteurs physiologiques d'un tel entraînement.

Une chose est sûre : le chemin vers l'Éveil n'est pas une route facile, c'est un sentier escarpé et semé d'embûches. Pourtant, des femmes et des hommes le choisissent, encore et toujours. En écoutant leurs parcours et leurs propos, j'ai l'impression de voir s'assembler dans mes mains les pièces d'un puzzle.

10.

DANSE AUTOUR DU VOLCAN

MA VENUE DANS LA BOURGADE de Wani, à quelques kilomètres au nord de Sakamoto, est une heureuse conséquence de mon amitié avec Jann Williams, une scientifique australienne rencontrée grâce au collectif *Writers in Kyōto*. Jann est venue au *shugendō* après s'être intéressée à d'autres aspects de la spiritualité japonaise, m'a-t-elle dit dans une conversation lors de notre dernière rencontre :

— Le *shugendō* n'était pas au centre de mes préoccupations il y a dix ans. Il faut imaginer que les informations disponibles en anglais à ce sujet étaient alors rares et peu accessibles. Sur le shintoïsme et le bouddhisme, de nombreux livres étaient disponibles, pas à propos du *shugendō*. Il y a eu des pionniers comme Miyake Hitoshi, Earhart H. Byron ou Gaynor Sekimori puis Jean-Marc Abela et Mark Patrick McGuire, les réalisateurs et producteurs du film *Shugendō now*, qui ont jeté les bases d'une connaissance, mais leurs travaux sont récents.

— Les universitaires et les pratiquants souhaitent tout de même de plus en plus partager leur expérience...

— C'est vrai, et je m'en réjouis. Pour mes recherches, je demeure soucieuse d'acquérir le plus de « matériaux » possible, académique comme populaire. Cela implique parfois un travail de détective considérable. Mais je dispose désormais d'une vaste collection de références écrites sur le *shugendō* : les descriptions du lien avec la nature par le biais de pèlerinages, l'entrelacement d'éléments cultuels bouddhistes et chinois, la quête de l'illumination intérieure, l'utilisation du feu et de l'eau dans les rituels… Voilà des thèmes séduisants et pertinents.

— L'expérience personnelle n'est-elle cependant pas plus importante que l'étude des sources écrites ?

— Tout à fait. C'est pour cela qu'en juillet 2016 j'ai assisté à ma première grande cérémonie de *shugendō* au Kinpusen-ji, à Yoshino. C'était très excitant. La même année, en octobre, j'ai rencontré Keiji Okushima au temple du Manpuku-ji. C'est un verrier talentueux et un bon pratiquant de *shugendō*, qui m'a fait découvrir le Wani-Ontakesan, un groupe avec lequel, depuis, j'ai participé à de nombreux pèlerinages. La première expérience a eu lieu au sommet du sanctuaire du Fushimi Inari, près de Kyōto, où les divinités m'ont dit que je devais les rejoindre. Qui aurait résisté à une telle injonction ? Faire partie de cette communauté depuis sept ans maintenant a profondément enrichi ma vie.

— Qu'est-ce qui rend le *shugendō* si attrayant ? Je veux dire, qu'est-ce qui le rend plus attrayant que d'autres spiritualités japonaises en vogue ?

— D'autres spiritualités comme le zen ?

— Oui, par exemple. Il a rencontré du succès en Occident.

— La méditation zen est passive et se pratique généralement en intérieur. La pratique du *shugendō* me permet de repousser mes limites au cœur même de la nature. Or l'énergie de celle-ci joue un rôle prépondérant dans l'expérience.

— Le *shugendō* a transformé ta vie plus que toute autre pratique spirituelle ?

— C'est certain, dit Jann. Ç'a fait entrer dans mon existence une communauté japonaise à laquelle je serais restée étrangère autrement. Les membres du Wani-Ontakesan croient profondément aux esprits de leurs ancêtres et aux divinités. Leurs pèlerinages, auxquels j'ai eu le privilège de participer, découlent d'une longue tradition spirituelle qui entretient des liens étroits avec le milieu naturel. La pratique du *shugendō* est axée sur le développement et les bienfaits personnels, ainsi que sur la prière pour les autres et la paix dans le monde. Ce sont quelques-unes des leçons que j'ai apprises. Le culte des montagnes sacrées et de leurs divinités se poursuit dans un monde industrialisé, et c'est une bonne chose.

L'amitié que j'ai pour Jann s'est renforcée à l'occasion de mes voyages au Japon. Et de fil en aiguille, Jann m'a présenté Keiji Okushima, l'artiste verrier dont elle m'avait déjà parlé... Ce dernier est installé avec femme et enfants à Wani, sur les rives du lac Biwa. Pratiquant de *shugendō*, il a accepté de me faire visiter le temple auquel il est affilié. Nous nous sommes d'abord donné rendez-vous pour déjeuner. Je découvre à présent un homme du même âge que moi, humble et poli, au crâne rasé de frais à la façon des moines bouddhistes. Vêtu d'un *yukata* (un kimono d'été) en lin, il me conduit au restaurant dans lequel, autour d'un burger, nous nous lions d'amitié.

Repus, Keiji et moi gagnons le temple du Wani-Ontake, qui sert de quartier général à un groupe religieux dévoué au culte du mont Ontake, pourtant situé à des centaines de kilomètres de là. L'endroit est gardé depuis plusieurs générations par la famille Okamato. Le patriarche, Yasunari, soutenu par sa femme et relayé par les frères Dukan et Motoshige. La famille pratique là un syncrétisme très particulier et propose, outre les cérémonies du feu mensuelles, des pèlerinages réguliers sur la plupart des hauteurs sacrées de l'archipel, et deux sorties annuelles dédiées sur l'Ontake, en été et en hiver.

Comme il leur reste du temps avant la prochaine cérémonie, Dukan et Motoshige acceptent de répondre à nos questions :

— Quel est l'aspect le plus important du *shugendō* ?

— La peur est la porte d'entrée du *shugendō*, nous confie Motoshige. La peur engendre le respect du sommet et anéantit l'excès d'ego.

— Et comment sélectionnez-vous les pratiquants ?

— Cela se fait très naturellement par le biais des épreuves. Beaucoup de débutants abandonnent. Ce n'est pas la force physique qui importe mais celle du cœur.

La gentillesse est primordiale car à travers elle on peut aider les autres, et c'est le but final du *shugendō*.

Jusqu'à la fin du XVIIe siècle, l'Ontake était réservé aux pratiquants du *shugendō* qui s'astreignaient à de rudes ascèses avant d'y accomplir leur pèlerinage annuel. C'est à cette époque que deux maîtres, Kakumei et Fukan, y ouvrirent des chemins pour les laïcs. Ces sentiers sont connus sous le nom de « Kurosawa » ou d'« Otaki » – les localités de départ. L'Ontake étant désormais ouvert aux laïcs, la nature du culte a changé, et de nombreux groupes de pèlerins viennent de partout au Japon.

Keiji me présente les autres membres du groupe, qui ont tous l'âge de la retraite. En les saluant, je peine à les imaginer engagés dans des épreuves en altitude. Mais Keiji me précise que les pèlerinages les plus astreignants se conduisent en petit comité, avec une moyenne d'âge dans le groupe de 40-50 ans.

La cérémonie débute dans le temple par le *shubatsu*, une prière purificatrice accompagnée d'offrandes aux dieux : Motoshige agite à travers la pièce un bâton prolongé par des franges de papier blanc pour purifier l'espace, pendant que son frère Dukan récite une prière. Il invoque différents esprits, dont celui de l'Ontake. Tout en écoutant sa litanie, qui transmet aux dieux les prières des fidèles, je détaille l'autel principal avec ses décorations dorées baroques et sa panoplie d'offrandes, dont des bouteilles de vin de riz et des fruits de saison. À gauche, je remarque une image sacrée d'Inari, la déesse des récoltes, sous les traits d'une renarde, qui surplombe plusieurs sacs de riz déposés en offrande. Mon regard se pose ensuite sur l'autel : un espace d'environ 2 mètres carrés est délimité par des cordes : c'est l'espace réservé au rituel du feu qui aura lieu dans l'après-midi.

Quand les prières se terminent, la seconde partie de la cérémonie commence. C'est le rituel de *tamagushi*, issu du shintoïsme : la mère de la famille Okamoto dépose sur l'autel une branche de *sakaki* – la cléyère *(Cleyera japonica)*. Cinq hommes s'avancent et font de même. Puis les autres participants, que j'accompagne, s'avancent à tour de rôle. Entretemps, l'autel a été recouvert par un *kakemono*, un rouleau de tissu. L'effigie de Fudō Myō-ō qui y est peinte entourée de flammes annonce la suite : *goma*, le rituel du feu…

Pendant que Motoshige, vêtu de sa tenue de *yamabushi*, jette l'une après l'autre dans les flammes les tablettes en bois annotées des vœux des fidèles, Dukan récite des prières puis purifie la pièce et bénit les fidèles prosternés en récitant la formule magique de Fudo-myo à plusieurs reprises. Vient le moment que j'attends : l'*oza*, rituel d'origine chamanique propre au culte de l'Ontake. La première description qui en a été faite par un Occidental date de 1895, sous la plume de Percival Lowell dans son livre *Occult Japan or the way of the gods, An esoteric study of Japanese personality and possession*. Un certain nombre de traités universitaires et d'articles de vulgarisation ont été publiés depuis, mais la description la plus connue se trouve probablement dans *The Catalpa Bow, A study of shamanistic practices in Japan*, où Carmen Blacker présente en 1975 une étude complète des pratiques chamaniques nippones. On y découvre que l'*oza* est un rituel de possession lors duquel un médium communique avec les divinités. C'est Motoshige qui assume ce rôle : pour entrer en transe, il se voile les yeux d'un tissu blanc sur lequel est imprimée la silhouette de la montagne sacrée et s'accroupit, le dos à l'autel. Dukan se tient à sa droite et débute le rituel par de longues prières tout en exécutant des gestes sacrés avec une rapidité et une dextérité déconcertantes : ses doigts s'entrelacent pour former des lettres sanskrites en visualisant leur signification. Après une dizaine de minutes, les deux frères accueillent l'assemblée. Par groupes de trois, les fidèles s'agenouillent afin d'écouter le message des dieux transmis par le biais de Motoshige, qui est visiblement en transe. Lorsque c'est mon tour, Motoshige me communique la parole divine, et tous les fidèles éclatent de rire – je comprendrai pourquoi quand Keiji m'en fera la traduction :

— Tu devras toujours rester avec ta femme, continuer le chemin avec elle et lui dire toujours "oui". Alors, ta vie sera pleine de bonheur.

Assurément, les dieux ne manquent pas d'espièglerie. Le *Sūtra du Cœur* est chanté pour clore la cérémonie. Avant que je prenne congé de lui et de sa famille, Motoshige me regarde droit dans les yeux et me donne un dernier conseil :

— Les difficultés vont t'aider à mener une existence meilleure. Une vie facile n'est pas heureuse.

Je méditerai plus tard ces propos… Encore secoué, je remercie la famille Okamoto et Keiji, et c'est seul que je parcours les quelques centaines de mètres qui me séparent de la gare. Ce soir, je dormirai au pied de l'Ontake.

En train et en bus, je gagne la bourgade de Kisofukushima puis le village d'Otaki : c'est le meilleur accès à l'Ontake, qui sera « mon ultime sommet ». La dernière étape d'un voyage devant s'affronter seul, j'aborde seul ce volcan sacré, encore ému par la cérémonie au temple du Wani-Ontake.

Après une nuit paisible dans une auberge traditionnelle, je me lève de bonne heure pour profiter du soleil et du calme dans la véranda qui ouvre sur les collines tachetées de rousseurs des rives du lac d'Otaki : l'automne, peut-être la saison la plus émouvante, bat son plein sur les hauteurs avec deux semaines d'avance sur les villes. C'est le *kōyō*, la saison des feuilles rouges, cet été indien qui se prolonge comme un ultime don de la nature avant l'hiver. C'est aussi la saison des adieux, adieux à l'été et à l'année qui s'éclipse doucement.

Ce n'est pas la première fois que je mets les pieds dans la région ; il y a quelques années, j'ai arpenté à pied l'ancienne route du Nakasendō, entre Magome et Narai. J'avais alors été impressionné par les 3 000 mètres de l'Ontake et m'étais promis de revenir fouler ses pentes de lave et de tuf. J'ai tenu parole : me voici prêt au départ. Depuis le village d'Otaki, j'emprunterai l'Ontake kodō, l'un des deux parcours de pèlerinage tracés par les moines Kakumei et Fukan au XVIIe siècle, jusqu'à la cinquième station. Puis un téléphérique me rapprochera du sommet, qui reste interdit depuis l'éruption de septembre 2012.

Derrière le portail du sanctuaire du Satomiya, ce ne sont pas moins de 448 marches qui grimpent au temple principal, adossé à la roche volcanique. Exercice de diction et d'articulation : les trois divinités vénérées là ont pour nom Kuninotokotachi-no-mikoto, O-Anamuchi-no-mikoto et Sukunahikona-no-mikoto. Historiquement, c'est un lieu de prière pour le voyageur en partance, où l'on annonce sa présence aux esprits. Le temple du Satomiya a été construit à la fin des années 1400, pour remplacer un sanctuaire villageois beaucoup plus ancien. Il est étroitement lié au sanctuaire situé à la cime de l'Ontake. Après les 67 premières marches, je franchis une deuxième porte tapissée de mousse. C'est le moment de s'arrêter un instant pour se purifier à la source du *temizuya*, kiosque abritant un bassin en pierre destiné aux ablutions. La coutume veut qu'on se lave les mains en tenant d'abord la louche pleine d'eau de la main droite pour en verser sur la gauche puis en faisant l'inverse ; on reprend alors la louche de la main droite, on verse à nouveau de l'eau dans la gauche pour se rincer la bouche et cracher l'eau discrètement à côté du bassin. De là, 381 marches s'élèvent à travers un dense bosquet de cyprès jusqu'au sommet. Près du bâtiment principal véritablement niché dans le creux de la falaise volcanique, une source d'eau claire sort directement de la roche : j'y remplis ma gourde d'une eau délicieusement fraîche et peu minéralisée.

Tout en contemplant le paysage, je repense à la conversation que j'ai eue avec Tim, au début de mon voyage, au sujet de l'acceptation, *uketamō*, et de sa ressemblance avec les principes antiques grecs et romains : le stoïcisme considère l'acceptation comme un moyen de mieux vivre et non comme une soumission à une souffrance rituelle. Pour l'empereur romain Marc Aurèle et d'autres stoïciens, vaincre la peur, le chagrin et la colère implique d'interroger nos croyances et de penser différemment – souvent en acceptant de ne pouvoir changer les choses ou en affrontant nos peurs. Il est curieux et rassurant en même temps de découvrir que des civilisations si distantes culturellement et géographiquement en sont venues à des conclusions similaires sur la conduite à tenir pour se bonifier. Le *shugendō* cependant va plus loin : vers une version de l'acceptation plus concrète, plus corporelle et respectueuse de l'environnement.

En redescendant, j'aperçois un groupe de macaques. Ces singes se rassemblent près des villages, où ils chapardent fruits et légumes dans les jardins, au point qu'ils sont chassés ; un restaurant des environs proposerait d'ailleurs des plats de viande de singe et d'ours ! Et on ne risque pas d'avoir faim : les forêts de l'Ontake hébergent l'une des plus importantes populations de plantigrades du Japon, des ours noirs d'Asie. Ils sont moins impressionnants que les ours bruns de Hokkaidō, mais la cohabitation avec l'homme devient difficile ces dernières années, les attaques, parfois mortelles, s'étant multipliées. Conséquence de la désertification des campagnes, le nombre de chasseurs se réduit, les animaux deviennent moins méfiants et cherchent leur nourriture dans les zones habitées. Je prends donc soin d'attacher à mon sac une clochette dont le tintinnabulement éloigne les bêtes sauvages – je me doute toutefois que l'effet est avant tout psychologique... Peu rassuré, je remonte jusqu'au sanctuaire d'Omata Sansya, où je mets presque les pieds dans une crotte d'ours qui gît en bordure de sentier – le passage du plantigrade date heureusement de plusieurs jours ! Le chemin est bordé de centaines de stèles funéraires, appelées *reijin*. Ces monuments sont érigés pour favoriser le retour de l'âme des défunts à l'Ontake, endroit sacré par excellence. Il en a été compté plus de vingt mille dans la région...

Le sentier mène aux cascades de Kiyotaki et de Shintaki. La première, haute d'une trentaine de mètres, est un ancien lieu de culte et de purification. Les ascètes modernes y trouvent toutefois un certain confort : une cabine pour se déshabiller ! La seconde cascade est éloignée d'à peine cinq minutes de marche mais dans un cadre plus sauvage. Avant de faire l'ascension, les croyants y purifient leur âme par le *takigyō*, l'ascèse de la cascade. C'est une des pratiques les plus spectaculaires et connues des *yamabushi*, bien que les ablutions d'eau froide se retrouvent également dans le shintoïsme et le bouddhisme ésotérique. Les pratiquants se tiennent, mains jointes en prière, sous les flots glacés en récitant des formules magiques afin de chasser toute pensée délétère et de clarifier leur conscience. Pratiquer l'ascèse de la cascade est également une méditation qui peut développer l'énergie interne, voire favoriser la guérison comme en témoigne Sylvain Guintard : « D'un point de vue mystique, ce rituel fait descendre les plans de conscience pour les franchir. Facteur de dynamisation du système immunitaire, accélération de la chaleur interne (comme le *toumo* des Tibétains), elle devient une pratique ascétique à part entière... Cette pratique méditative m'a permis de régénérer mes cellules neuronales après un long coma en 2001. » Aujourd'hui, des neuroscientifiques s'intéressent à cette méditation si particulière, qui est censée régénérer les neurones et développer les facultés de résilience. Elle est également utilisée par des sportifs de haut niveau ou des militaires dans le cadre d'entraînements... L'ascèse de la cascade n'est cependant pas sans risque ; elle n'est recommandée qu'aux initiés et doit être exécuté sous le regard et les conseils d'un maître. Le poids et le choc de l'eau, glacée de surcroît, peuvent entraîner des traumatismes voire la mort.

Cette pratique symbolique équivaut à une initiation à la montagne. En s'y soumettant, on relie le monde d'ici-bas et les hauteurs immaculées. Autrefois, les adeptes n'entreprenaient l'ascension de l'Ontake qu'après cent jours d'ascèse sous les cascades, de rituels variés, de jeûne et de méditation. De nos jours, ils se rendent toujours aux chutes mais pour des périodes beaucoup plus courtes.

Je continue l'ascension, dépassant la quatrième station et le sanctuaire Juni Dai-gongen. Après une heure de marche, j'arrive à la cinquième station puis au sanctuaire

Hakkaisan dédié au mont Hakkai, situé dans la préfecture de Niigata et ouvert aux pratiquants par le moine Fukan. Je prends ensuite rapidement de la hauteur à l'aide du téléphérique jusqu'à la septième station, à 2 150 mètres. Le paysage devient alpin, les bosquets de chênes, d'érables et de cèdres cèdent le pas aux mélèzes, dont les aiguilles dorées habillent les versants d'un éclat de bronze.

Dans mon dos, le volcan dort paisiblement. Rien n'y rappelle le déchaînement infernal qui eut lieu neuf ans auparavant, quand 56 randonneurs trouvèrent la mort dans une éruption soudaine. En contemplant le vaste paysage à mes pieds et les Alpes japonaises à l'horizon, je repense à toutes les montagnes sacrées que j'ai visitées et aux gens qui y pratiquent des rites. Ils prouvent qu'en nature tout se résume à l'essentiel. Je repense aussi à la pénibilité des longues marches, aux souffrances qu'ils endurent, au froid, à la chaleur, à la peur mais aussi à l'extase, à la joie, à la quiétude, à la paix... Dans *Cerchi infiniti, Viaggi in Giappone*, « Cercles infinis, Voyages au Japon », l'écrivain Cees Noteboom, amoureux de ce pays, prétend que celui qui n'a pas pratiqué le pèlerinage en montagne ignore tout de la satisfaction et du réconfort que cette activité procure. Cela donne du sens, cela apporte une joie profonde, qui prend racine dans l'action, au-delà des peurs et des limites que nous nous fixons, pour nous aider à tout mieux ressentir. C'est cette expérience brute et immédiate du réel que je retiens de ma « traversée » des montagnes japonaises...

« Les oiseaux ont disparu dans le ciel
Et maintenant le dernier nuage s'écoule
Nous sommes assis ensemble, la montagne et moi
Jusqu'à ce qu'il ne reste plus que la montagne. »

Li Bai (701-762)

ÉPILOGUE

ORAGE SUR KYŌTO

LE SÉJOUR TOUCHE à sa fin. Après l'ascension de l'Ontake, je suis revenu en ville, à Kyōto plus précisément, d'où je prendrai mon vol de retour. Gagner l'ancienne capitale impériale reste toujours une expérience exaltante. Cette fois-ci, je ne dispose que d'une journée pour me promener dans cette ville que j'affectionne. Encore sous l'emprise de la marche et des rencontres, je vais m'offrir une séance de *shiatsu* chez une praticienne réputée, dans le quartier Rakuhoku, loin de l'agitation du centre. Pour la rejoindre, je passe devant le temple du Shisendō. Ce bâtiment sans prétention, qui ressemble à une vaste cabane couverte de chaume, a été construit en 1641 pour servir d'ermitage au savant et poète Ishikawa Jozan. *Shisendō* se traduit d'ailleurs littéralement par « temple des grands poètes », un nom qui dérive des portraits et des textes de 36 poètes classiques chinois exposés là. Autour, les tranquilles jardins de style chinois de la dynastie Tang attirent les promeneurs au printemps, notamment lors de la floraison des buissons d'azalées naines, soigneusement taillés en forme de nuages.

La praticienne me reçoit dans son chalet donnant sur un bosquet de bambou. J'ôte mes chaussures et m'installe sur le futon après avoir répondu à ses questions : « Pour quelle raison venez-vous me consulter ? Avez-vous des maladies, des problèmes de santé ou au travail ? » Je sens déjà des mains agiles et rassurantes se poser fermement sur mon ventre puis sur mon dos, ma colonne vertébrale et mon bassin. Les pouces de la praticienne appuient sur des points précis quand j'expire, et « sortent de moi » quand j'inspire. De certaines parties de mon corps jaillissent des douleurs, des sensations accompagnées d'une impression de chaleur, d'autres sont électriques. Elle sait exactement où poser les mains, elle semble même connaître mieux que moi mon propre corps. Pour terminer, elle me place en position fœtale, m'étire, me pousse, me fait « danser » comme un pantin de toile, et continue son travail sur les hanches, les bras et le cou. Soudain, le ballet de ses mains s'arrête, et je me retrouve à nouveau allongé sur le dos, comme si rien ne s'était passé...

En la quittant, j'éprouve une sensation à la fois de légèreté et de lourdeur, comme si une réaction chimique se déclenchait en moi pour me faire accéder à un niveau de conscience différent. Le *shiatsu*, comme l'ascèse en montagne, oblige à mettre la réflexion de côté pour simplement ressentir *ce qui est*. Au bout de la ruelle, le portail en bois du temple du Shisendō se dresse au milieu des bambous. Je m'y abrite de l'averse naissante : j'y observe seul le célèbre jardin de sable blanc et les buissons d'azalées. À l'arrière-plan, des érables japonais aux feuilles rouge sang se détachent d'un plaqueminier aux branches chargées de fruits. La pluie dans les gouttières remplit l'espace d'un son dense et régulier interrompu de temps à autre par un claquement : il provient d'une cascade qui alimente un *shishi-odoshi*, ce dispositif à bascule en bambou qui se remplit progressivement d'eau à une extrémité avant de se vider à l'autre et de provoquer un son qui effraye les oiseaux en retombant. C'est une scène intemporelle, un moment durant lequel je me sens en phase avec ce pays... Je contemple cet univers parfait, le temps s'arrête, le monde retient son souffle.

Le son discret d'une clochette métallique retentit en provenance de l'intérieur du temple : le réceptionniste me signifie qu'il est temps de quitter les lieux. L'esprit léger, je me dirige, comme sur un nuage, vers l'arrêt du bus qui me ramènera au centre-ville et à sa vie trépidante.

L'air humide stagne dans la minuscule chambre sans chauffage que j'occupe dans une maison d'hôtes. Il est minuit quand un violent orage éclate sur Kyōto ; le son des éléments déchaînés fait vibrer l'espace. Les yeux au plafond, je me sens seul face à une force menaçante. Est-ce un rêve ? Les coups de tonnerre se succèdent comme si tous les dieux se chamaillaient. Dans la pénombre de ma chambre, je perds la notion de temps, et – est-ce l'effet du *shiatsu* ? – les portes d'une perception profonde de l'instant s'ouvrent. Les minutes me semblent éternelles à mesure que l'orage s'éloigne vers les hauteurs sacrées.

Quand le silence s'installe à nouveau, toutes mes tensions se dénouent, et la paix revient.

Je me réveille aux premières lueurs avec la sensation que le moment est venu de quitter le Japon, après presque un mois de marche, de questionnements, de révélations, de rencontres surtout. Une fois de plus, j'ai fait l'expérience du voyage, qui d'abord m'a bercé comme la mer puis m'a rejeté sur le rivage, plus vulnérable et plus riche à la fois. Les questions que je me posais au début du séjour ont-elles maintenant une réponse ? Le *shugendō*, comme d'autres traditions religieuses nippones, est clairement en déclin. Mais un petit nombre de pratiquants – ils sont 6 000 environ –, peut-être destiné à croître, continue de chercher la sagesse des montagnes. Comme Earhart H. Byron l'observait, « le *shugendō* est un exemple frappant de la tentative de s'approprier le monde comme une réalité significative à laquelle il peut participer avec une richesse et une plénitude d'être extraordinaires ». Dans une société en attente du retour à la spiritualité innée de l'être humain, et en besoin de reconnexion à la nature et au corps, le *shugendō* présente une approche intéressante. Mais survivra-t-il au changement ? Oui, à condition de réussir l'équilibre délicat entre renouvellement et ouverture au public d'une part, préservation de l'authenticité et de la sincérité des enseignements d'autre part. Un pari osé que des hommes et des femmes acceptent de relever.

BIBLIOGRAPHIE ET FILMOGRAPHIE INDICATIVES

- ABELA Jean-Marc & McGUIRE Mark Patrick, *Shugendō now*, 88 min, 2010.
- BASHŌ Matsuo, *The Narrow Road to Oku*, Kodansha Publisher, New York, 1997.
- BLACKER Carmen, *The Catalpa Bow, A study of shamanistic practices in Japan*, George Allen & Unwin, Londres, 1975.
- BYRON EARHART H., *A religious study of the Mount Haguro sect of shugendō, An example of Japanese mountain religion*, Sophia University, Tōkyō, 1970.
- CARTER Caleb Swift, *A Path into the Mountains, Shugendō and Mount Togakushi*, University of Hawai'i Press, Hawaï, 2022.
- CASTIGLIONI Andrea, RAMBELLI Fabio & ROTH Carina (éd.), *Defining shugendō, Critical studies on Japanese mountain religion*, Bloomsbury Publishing, Londres, 2022.
- COLANTONI Lorenzo, *Ritorno alle foreste sacre*, Editori Laterza, Rome, 2022.
- GUINTARD Sylvain Kūban, *Shugendō, Les mystérieux moines bouddhistes des montagnes*, Éditions de l'Éveil, Noisy-sur-École, 2016.
- HITOSHI Miyake, *Shugendō, Essays on the structure of Japanese Folk Religion*, University of Michigan, Ann Arbor, 2001.
- HITOSHI Miyake & SEKIMORI Gaynor, *The Mandala of the Mountain, Shugendo and folk religion*, Keio University, Tōkyō, 2005.

- HOSHINO Fumihiro, *感じるままに生きなさい — 山伏の流儀* [Vivez comme vous le sentez, La voie de celui qui couche dans la montagne], Sakura-sha, Tōkyō, 2017.
- KOSHIKIDAKE Shodo, *Shugendō, The ineffable wakefulness of Nature*, Amazon Publishing, 2023.
- LOIACONO Florent, *Ninja et yamabushi, Guerriers et sorciers du Japon féodal*, Budo Éditions, Noisy-sur-École, 2006.
- RENONDEAU Gaston, *Le Shugendō, Histoire, doctrine et rites des anachorètes dits yamabushi, Cahiers de la Société asiatique* n° 18, Paris, 1965.
- STEVENS John, *The Marathon Monks of Mount Hiei*, Echo Point Books & Media, Brattleboro, 2013.

DÉDICACE ET REMERCIEMENTS

À ZSUZSANNA,
Et à toutes les âmes proches dont le reflet se trouve dans ces pages.

J'ÉPROUVE DE LA GRATITUDE pour les personnes qui m'ont soutenu d'une façon ou d'une autre. Mes pensées vont en particulier à mon épouse Zsuzsanna, Everett Kennedy Brown, Tim Bunting, Alena Eckelmann, Fumihiro Hoshino, Tristano Gargano, Hiromi Kawaguchi, Takae et Tetsuo Nakahara, Dukan et Motoshige Okamoto, Keiji Okushima, Richard Pierce, Hōun Saile, Takagi San, Davide S. Sapienza, Kanemitsu Tanaka, Anjun et Ryōnin Tatsumi, Edward J. Taylor, l'équipe de Transboréal (Marc Alaux, Émeric Fisset & François Lantz), Takamasa Tsuchiya, Daisuke Ushijima, Kiyono Watanabe, Jann Williams. *Arigatō gozaimasu !*

TABLE

1. *L'Exploration de la Sibérie* ~ Antoine Garcia & Yves Gauthier (2014, 2e éd. 2018)
2. *Bons baisers du Baïkal, Nouvelles de Sibérie* ~ Géraldine Dunbar (2014, 3e éd. augm. 2022)
3. *Une Parisienne dans l'Himalaya* ~ Marie de Ujfalvy-Bourdon (2014, 2e éd. 2018)
4. *Par les sentiers de la soie, À pied jusqu'en Chine* ~ Philippe Valéry (2014, 3e éd. 2020)
5. *Voyage à la mer polaire* ~ George S. Nares (2014)
6. *Trilogie des cimes, Histoires de larrons perchés* ~ Olivier Salon (2014, 2e éd. 2016)
7. *Au gré du Yukon, Quatre-vingts jours en canoë* ~ Joël Allano (2014)
8. *Révélation dans la taïga* ~ Alain Lebrun (2014)
9. *La nuit commence au cap Horn* ~ Saint-Loup (2015, 2e éd. augm. 2022)
10. *À toute vapeur vers Samarcande* ~ Eugène-Melchior de Vogüé (2015)
11. *Vers Compostelle, Drôles de rencontres* ~ Antoine Bertrandy (2015, 4e éd. 2020)
12. *L'Opéra alpin, À pied de la Bavière à Bergame* ~ Gérard Guerrier (2015)
13. *Dans l'ombre de Gengis Khan* ~ Julien Peltier (2015)
14. *Amours, Voyage dans l'intimité des Égyptiens* ~ Marion Touboul (2015, 2e éd. 2021)
15. *Confidences cubaines* ~ Claude Marthaler (2015, 3e éd. 2022)
16. *Quatre hommes au sommet, L'ascension du Denali, en Alaska* ~ Hudson Stuck (2015)
17. *Des déserts aux prisons d'Orient* ~ Donald Campbell (2015)
18. *Seule sur le Transsibérien, De Moscou à Vladivostok* ~ Géraldine Dunbar (2016, 4e éd. 2022)

19. *Cette petite île s'appelle Mozambique* ~ Jordane Bertrand (2016)
20. *Pèlerin d'Orient, À pied jusqu'à Jérusalem* ~ François-Xavier de Villemagne (2016)
21. *Nomade du Grand Nord, En kayak avec un chien eskimo* ~ Kim Hafez (2016)
22. *Qat, honneur et volupté, Nouvelles du Yémen* ~ Sébastien Deledicque (2016)
23. *L'Exploration de l'Australie* ~ Stuart et Burke & Wills (2016)
24. *Le Condor et la Momie, Nouvelles du Pérou* ~ Julie Baudin (2016, 2e éd. augm. 2024)
25. *Un parfum de mousson, Nouvelles du Sud-Est asiatique* ~ Matthieu Delaunay (2016)
26. *Unghalak, La quête sauvage* ~ Kim Hafez (2017)
27. *Pèlerin d'Occident, À pied jusqu'à Rome* ~ François-Xavier de Villemagne (2017)
28. *Souvenez-vous du Gelé, Un grognard prisonnier des Russes* ~ Yves Gauthier (2017, 2e éd. 2020)
29. *Chaos khmer, Coup d'État au Cambodge* ~ Michel-Cosme Bideau (2017)
30. *Chroniques de Roumanie* ~ Richard Edwards (2017)
31. *Ermitages d'un jour, À pied dans les Préalpes d'Azur* ~ Sandra Mathieu (2017)
32. *Nostalgie du Mékong, Une chronique heureuse du Laos* ~ Marie-Claire Jacq (2017, 2e éd. 2019)
33. *Sept sultans et un rajah, Brève histoire de la Malaisie* ~ Éric Olmedo & Tangi Calvez (2017)
34. *Pyrénées, La grande traversée* ~ Christophe Houdaille (2017, 3e éd. 2022)
35. *Kaliméra, Séjours et songes en terre grecque* ~ Nicole Dubois-Tartacap (2017, 2e éd. 2019)
36. *Sagesse de l'herbe, Quatre leçons reçues des chemins* ~ Anne Le Maître (2018, 2e éd. 2018)

37. *Passage du Mékong au Tonkin* ~ Auguste Pavie (2018)
38. *Ambiance Kinshasa, Bière à flots et sape à gogo* ~ Victor Muller (2018)
39. *Voyage en Mongolie et au Tibet* ~ Nikolaï Prjevalski (2018)
40. *Madère, Un jardin sous les alizés* ~ Anne Caufriez (2018)
41. *Le Pianiste d'Éthiopie* ~ Luc de Revel (2018)
42. *Le Souffleur de bambou, Rencontres japonaises* ~ James Harvey (2019)
43. *Robert Louis Stevenson, Les chemins de la liberté* ~ Françoise Sylvestre (2019)
44. *Corse, La route des cimes* ~ Cristina Noacco (2019)
45. *L'Invitation à la sieste, Voyage en plein rêve* ~ Henri Boillot (2019)
46. *La Route du thé, Du Yunnan et du Sichuan aux confins tibétains* ~ Philippe Devouassoux & Julie Klein (2019)
47. *Carnets de Guyane, En descendant le Maroni* ~ Christian Dedet (2019)
48. *Ernest Hemingway, Vivre, écrire, tout est là* ~ Albéric d'Hardivilliers (2019)
49. *L'Exploration spirituelle de l'Inde, De l'Antiquité à l'aube des Lumières* ~ Tanneguy Gaullier (2019)
50. *Nos amours parisiennes, Nouvelles* ~ David Adjemian (2020)
51. *Fugue au cœur des Vosges* ~ Franck Buchy (2020)
52. *La Grande Traversée des Alpes* ~ Jérôme Colonna d'Istria (2020, 2e éd. 2021)
53. *Le Centaure de l'Arctique* ~ Yves Gauthier (2020, 2e éd. 2022)
54. *Le Plus Petit des grands voyages, Vers la Méditerranée* ~ Sandra Mathieu (2020)
55. *Une histoire belge, Sans un sou à Bruxelles* ~ Jean Pastureau (2020)
56. *Le Voleur de mémoire* ~ Jean-Marie Haegy (2020)

57. *Intime Arabie, Confidences saoudiennes* ~ Lætitia Klotz (2020)
58. *Pour tout l'or de la forêt, Nouvelles du Québec* ~ Matthieu Delaunay (2020)
59. *Dans la roue du petit prince* ~ Yannick Billard (2021, 2ᵉ éd. 2022)
60. *Aborigènes, Avec les derniers nomades d'Australie* ~ Eddie Mittelette (2021)
61. *Girandulata, Du Cap Corse à Bonifacio* ~ Jérôme Colonna d'Istria (2021)
62. *L'Évadé de la mer Blanche* ~ Youri Bezsonov (2022)
63. *Tempête sur l'Aconcagua* ~ Aymeric de Lamotte (2022)
64. *Dans les bras de la Volga, Une aventure russe* ~ Adrien Clémenceau (2022)
65. *Nanda Devi, Ultime sanctuaire himalayen* ~ Eric Shipton (2022)
66. *Au vent des Kerguelen* ~ Christophe Houdaille (2022)
67. *Sous les yourtes de Mongolie* ~ Marc Alaux (2022)
68. *La Loire en roue libre* ~ Jean-Louis Boudart (2022)
69. *Une yourte sinon rien* ~ Marc Alaux (2022)
70. *Le Consentement d'Alexandre* ~ François-Xavier de Villemagne (2023)
71. *Dolomites, Les voies du sublime* ~ Cristina Noacco (2023)
72. *Retour à Kyôto* ~ Robert Weis (2023)
73. *Ivre de steppes, Un hiver en Mongolie* ~ Marc Alaux (2024)
74. *Le Faussaire du Caire* ~ Olivier Griette (2024)
75. *Au nom de Magellan, Un Breton et un Normand autour du monde* ~ Bruno d'Halluin (2024)
76. *Jours blancs dans le Hardanger* ~ Mariette Nodet (2024)
77. *La Seine en roue libre* ~ Jean-Louis Boudart (2024)
78. *Yamabushi, La sagesse des montagnes* ~ Robert Weis (2024)

YAMABUSHI

A ÉTÉ COMPOSÉ EN GEORGIA ET EN OPTIMA.
IL A ÉTÉ IMPRIMÉ SUR STORA ENSO CLASSIC PAR
LA SEPEC NUMÉRIQUE À PERONNAS, DANS L'AIN,
POUR LE COMPTE DES ÉDITIONS TRANSBORÉAL
EN OCTOBRE DEUX MILLE VINGT-QUATRE.

COMPOSÉ ET IMPRIMÉ EN FRANCE
FR

PEFC
10-31-3532

IMPRIM'VERT®

NUMÉRO D'IMPRESSION : N11487241003